Panorama Geral da Reforma Trabalhista

Aspectos de Direito Material

Volume I

Jorge Pinheiro Castelo

Advogado, especialista (pós-graduação), mestre, doutor e livre docente pela Faculdade de Direito da Universidade São Paulo. É o autor dos livros: "O Direito Processual do Trabalho na Moderna Teoria Geral do Processo"; "Tutela Antecipada na Teoria Geral do Processo"; "Tutela Antecipada no Processo do Trabalho" e "O Direito Material e Processual do Trabalho e a Pós-Modernidade: a CLT, o CDC e as repercussões do novo Código Civil"; "Tratado de Direito Processual do Trabalho na Teoria Geral do Processo"; "O Direito do Trabalho Líquido – O Negociado Sobre o Legislado, a Terceirização e o Contrato de Curto Prazo na Sociedade da Modernidade Líquida" todos publicados pela LTr Editora.

Panorama Geral da Reforma Trabalhista

Aspectos de Direito Material

Volume I

EDITORA LTDA.
© Todos os direitos reservados

Rua Jaguaribe, 571
CEP 01224-003
São Paulo, SP — Brasil
Fone (11) 2167-1101
www.ltr.com.br
Junho, 2018

Produção Gráfica e Editoração Eletrônica: PIETRA DIAGRAMAÇÃO
Projeto de capa: FABIO GIGLIO
Impressão: BOK2

Versão impressa — LTr 5972.4 — ISBN 978-85-361-9596-4
Versão digital   — LTr 9397.2 — ISBN 978-85-361-9723-4

Dados Internacionais de Catalogação na Publicação (CIP)
(Câmara Brasileira do Livro, SP, Brasil)

Castelo, Jorge Pinheiro

Panorama geral da reforma trabalhista: aspectos de direito material: volume I / Jorge Pinheiro Castelo. – São Paulo: LTr, 2018.

Bibliografia.

1. Contratos de trabalho – Brasil 2. Direito do trabalho – Brasil 3. Direito material – Brasil 4. Direito processual do trabalho – Brasil 5. Garantias constitucionais – Brasil 6. Reforma constitucional – Brasil I. Título.

18-13457   CDU-34:331.001.73(81)

Índice para catálogo sistemático:

1. Brasil: Reforma trabalhista: Direito do trabalho 34:331.001.73(81)

Dedico este livro a minha filha Lara que, cotidianamente, me inspira a continuar sonhando com uma sociedade mais justa e igualitária.

SUMÁRIO

Introdução 23

PARTE I – ASPECTOS DE DIREITO MATERIAL

I – O Direito Constitucional Material e Processual 27
   1. Norma de superdireito ou sobredireito 27

II – A Lei de Introdução às Normas do Direito Brasileiro (Decreto-Lei n. 4.657/42) 29
   1. Norma de superdireito ou sobredireito 29

III – Dos Limites da Aplicação Imediata da Lei de Direito Material ou Processual Fixados pela Norma de Superdireito ou Sobredireito 31

IV – Do Ato Jurídico Perfeito e a Hierarquia Máxima da Garantia Constitucional 33
   1. Do inciso XXXVI do art. 5º da CF 33
   2. A constituição do contrato como ato jurídico perfeito 33

V – A Constituição do Contrato de Trabalho como Ato Jurídico Perfeito 35

VI – Do Direito Adquirido e o Contrato de Trabalho 37

VII – Das Leis que Disciplinam Situações Institucionais ou Estatutárias e das Leis que Disciplinam Contratos, Conforme Entendimento do Plenário do Supremo Tribunal Federal 39
   1. Distinção da situação de lei que disciplina relações individuais privadas e da lei que disciplina situações gerais, institucionais ou estatutárias que não admitem que o negociado prevaleça sobre o legislado 39

VIII – Ainda da Distinção da Situação de Lei que Disciplina Relações Individuais Privadas e da Lei de Natureza Estatutária que Disciplina Relações do Estado com a Sociedade como um Todo = Situações Gerais, Institucionais ou Estatutárias = que não Admitem que o Negociado Prevaleça sobre o Legislado 42

IX – Exemplos da Situação de Lei que Disciplina Relações Individuais Privadas e da Lei que Disciplina Situações Gerais, Institucionais ou Estatutárias = que não Admitem que o Negociado Prevaleça sobre o Legislado 45

    1. Do contrato de trabalho como ato jurídico perfeito derivado de ato de vontade..45

    2. Do ato condição/regra que não decorre e não envolve ato de vontade..................45

    3. Do respeito ao ato jurídico perfeito derivado do ato de vontade (contrato) e da possibilidade da aplicação imediata da lei com retroatividade mitigada, apenas, sobre as situações e cláusulas institucionais..47

X – Da Impossibilidade e Inconstitucionalidade da Aplicação Imediata sobre Efeitos Futuros de Contratos de Trabalho já Constituídos com Retroatividade Mínima da Lei n. 13.467/2017 e da Medida Provisória n. 808/2017 48

    A possibilidade do negociado prevalecer sobre o legislado afasta qualquer possibilidade da Lei n. 13.467/2017 possuir natureza institucional.....................................48

    1. Do respeito aos efeitos futuros derivados do ato jurídico perfeito e ao direito adquirido oriundo da contratualidade original, conforme entendimento do Plenário do Supremo Tribunal Federal...48

XI – O Forte Dirigismo Contratual em nada Altera a Essência Contratual – e não Institucional – do Contrato de Trabalho e a Exigência do Respeito ao Ato Jurídico Perfeito, Conforme Entendimento do Plenário do Supremo Tribunal Federal...........51

XII – Da Observância do Vício Objetivo e Subjetivo de Vontade com Relação aos Contratos de Forma a Impedir o Enriquecimento de uma Parte às Custas do Empobrecimento da Outra com Quebra do Equilíbrio Social, Econômico e Financeiro 53

XIII – A Lei n. 13.467/2017 é uma Lei Esparsa que Disciplina Contratos Privados e Deverá se Integrar ao Microssistema da Consolidação das Leis do Trabalho, tanto é que vem Disciplinada com Artigos Ladeados de Letras do Alfabeto. 55

    1. A Lei n. 13.467/2017 é uma lei que pretende disciplinar contratos individuais de trabalho compondo relações de trabalho de natureza privada.................................55

XIV – Do *Leading Case*: a Decisão do Plenário do STF, em Voto do Ministro Moreira Alves, na ADIN 493-0-DF-TP, Conceituando o Ato Jurídico Perfeito e Garantindo os Efeitos Atuais e Futuros dos Contratos de Natureza Privada em Face da Lei Nova..57

    1. Da ADIN 493-0-DF-TP 57

    2. Da ementa do Acórdão da ADIN 493-0-DF-TP 57

3. Destaques do Voto do Ministro Moreira Alves no Acórdão da ADIN 493-0-DF-TP..58

4. Do Voto do Ministro Moreira Alves no RE 226.855-7/RS...62

5. Do Voto do Ministro Moreira Alves no RE 188.136 63

6. Do Voto do Ministro Moreira Alves no RE 205.999 63

XV – Da Decisão do Plenário do STF, em Voto do Ministro Teori Zavascki, no RE 21.2609-SP 65

1. Da distinção entre contratos privados (ato jurídico perfeito) e leis que disciplinam situações institucionais ou estatutárias 65

XVI – Do Interessante Descabimento do Recurso Extraordinário para Discussão do Inciso XXXVI do art. 5º da CF – Face a Aparente Inexistência de Repercussão Geral no Caso *Sub-Examine*, Conforme Definido nos Temas 660 e 662 do Ementário Temático de Repercussão Geral do C. STF 68

– Da inadmissibilidade do Recurso Extraordinário, conforme definido no "tema 660" e "tema 662" do ementário temático de Repercussão Geral do C. STF 68

— Uma vez que o julgamento da causa dependeria de prévia análise da adequada aplicação intertemporal de normas infraconstitucionais...68

– Resolução da discussão a respeito da violação do ato jurídico perfeito e do direito adquirido se daria em Sede do Tribunal Superior do Trabalho 68

PARTE II – COMENTÁRIOS ESPECÍFICOS DOS ARTIGOS DA LEI N. 13.467/2017 E DA MEDIDA PROVISÓRIA N. 808/2017 REFERENTES AO DIREITO MATERIAL E CONTRATOS

I – Do Grupo Econômico...73

COMENTÁRIOS

1º PONTO: Do direito intertemporal..73

2º PONTO: Da fusão do grupo econômico hierárquico e do grupo econômico por coordenação..73

3º PONTO: Da possibilidade da nova figura do grupo por interesse integrado.............74

4º PONTO: Da prova..74

II – Tempo à Disposição..75

COMENTÁRIOS

1º PONTO: Do direito intertemporal..75

2º PONTO: Da dificuldade operacional na prática..........76

3º PONTO: Higiene pessoal e troca de roupa/uniforme..........76

III – Da Responsabilidade Patrimonial (art. 10-A da CLT)..........77
COMENTÁRIOS

1º PONTO: Do direito intertemporal..........77

2º PONTO: Da irresponsabilidade patrimonial e social dos sócios diante dos sucessivos processos de reengenharia societária das empresas camaleônicas na sociedade pós-moderna..........78

3º PONTO: Com relação aos processos pendentes..........78

4º PONTO: Com relação aos novos processos = a questão da fraude trabalhista..........79

5º PONTO: Os arts. 10-A e 448-A de certa forma reestabelecem a Súmula n. 205 do TST, o que faz com que seja necessário para preservar a responsabilidade patrimonial e o resultado útil do processo que se chame ao processo todas as empresas e sócios do grupo econômico para que figurem no processo de conhecimento e figurem no título executivo..........80

IV – Da Prescrição e Prescrição Intercorrente (arts. 11 e 11-A da CLT)..........82
COMENTÁRIOS

1º PONTO: Direito intertemporal = preservação das situações de vantagem e desvantagem derivadas dos institutos bifrontes (Direito Processual Material) = com relação aos processos pendentes e o título executivo garantido pela coisa julgada material...82

2º PONTO: Ainda com relação aos processos pendentes e a teoria do isolamento dos atos processuais..........84

3º PONTO: Aporia e antinomia jurídica: a prescrição intercorrente da execução (02 anos) não pode ser menor do que a prescrição do direito material (05 anos) = Súmula n. 150 do STF..........84

4º PONTO: Da incompletude da norma e da aplicação subsidiária e supletiva do Código Civil..........85

5º PONTO: Da Solução Mandarim..........86

V – Das Multas Administrativas (art. 47 e 47-A da CLT)..........87

VI – Do Trabalho *In Itinere*..........88
COMENTÁRIOS

1º PONTO: Do direito intertemporal..........88

2º PONTO: Da exclusão específica da contagem do tempo *in itinere*: da residência para o trabalho e do trabalho para a residência..89

3º PONTO: Da ausência de exclusão na situação diferenciada: da inexistência de Transporte Público Regular..89

4º PONTO: Da contagem do tempo *in itinere* em todas as demais situações não excluídas/excepcionadas...90

VII – Do Contrato de Trabalho a Tempo Parcial..91
COMENTÁRIOS

1º PONTO: Do direito intertemporal..91

2º PONTO: As horas extras semanais...92

3º PONTO: Tempo parcial aberto...92

4º PONTO: Descaracterização...92

VIII – Das Horas Extras, da Compensação e do Banco de Horas....................93
COMENTÁRIOS

1º PONTO: Do direito intertemporal..93

2º PONTO: Violação do inciso XIII do art. 7º da CF...94

IX – Nulidades da Compensação e Banco de Horas 95
COMENTÁRIOS

1º PONTO: Do direito intertemporal..95

2º PONTO: Da antinomia do Parágrafo Único do art. 58-B da CLT 95

3º PONTO: Violação dos incisos XIII e XVI do art. 7º da CF na medida que o Parágrafo Único do art. 58-B da CLT estabelece a criação de jornada normal de trabalho superior a 8 horas diárias e 44 horas semanais e a prestação de horas extras sem o pagamento do adicional de horas extras..96

X – Da Jornada de 12 x 36 Horas..97
COMENTÁRIOS

1º PONTO: Do direito intertemporal..97

2º PONTO: Violação dos incisos IX, XIII, XV e XXII do art. 7º da CF................98

3º PONTO: Violação do inciso XIII do art. 7º da CF...98

4º PONTO: Violação dos incisos XIII e XXVI do art. 7º da CF...........................99

XI – Licença Prévia ADM..100
COMENTÁRIO
Afastamento da autorização prévia para trabalho em atividade insalubre em jornadas de 12 x 36 e inciso XXII do art. 7º da CF...100

XII – Dispensa de Autorização Sindical para a Prestação de Horas Extras Além do Limite Legal por Conta de Força Maior ou Necessidade Imperiosa...................101
COMENTÁRIO
Do direito intertemporal..101

XIII – Exclusão do *Home Office* (Teletrabalho) do Regime de Horas Extras.............102
COMENTÁRIOS
1º PONTO: Do direito intertemporal...102

2º PONTO: Da ausência de base científica a exclusão do pagamento das horas extras garantido pela Constituição Federal (*caput* e inciso I do art. 5º da CF).............102

3º PONTO: Violação dos incisos XIII e XVI do art. 7º da CF...................................103

4º PONTO: Violação do *caput* e inciso I do art. 5º da CF.......................................104

XIV – Não Concessão dos Intervalos Legais Obrigatórios..105
COMENTÁRIOS
1º PONTO: Do direito intertemporal...105

2º PONTO: Da antinomia da natureza indenizatória e a menor da indenização da prestação substitutiva a original...105

3º PONTO: Violação dos incisos VI, XIII e XVI do art. 7º da CF..............................107

XV – Do Teletrabalho...109
COMENTÁRIOS
1º PONTO: Do direito intertemporal...109

2º PONTO: Teletrabalho não corresponde ao trabalho externo do inciso I do art. 62 da CLT...110

3º PONTO: Teletrabalho = condição especial e contrato formal...............................110

4º PONTO: Da modificação do regime de trabalho para contratos assinados após a vigência da Lei n. 13.467/2017 110

5º PONTO: Aquisição, manutenção, fornecimento, despesas da tecnologia e infraestrutura necessárias ao teletrabalho e possível violação dos incisos VI, XIII e XVI do art. 7º da CF 111

6º PONTO: Equipamentos = ferramentas de trabalho 111

XVI – Da Responsabilidade Acidentária no Teletrabalho 112
COMENTÁRIOS

1º PONTO: Da responsabilidade do empregador pela eclosão de doenças profissionais e acidente de trabalho ocorrido no ambiente do *home office* ou do teletrabalho = da culpa patronal presumida..112

2º PONTO: Ainda da responsabilidade do empregador para cobrir a eclosão de doenças profissionais e acidente de trabalho ocorrido no ambiente do *home office* ou do teletrabalho 112

XVII – Da Repartição do Gozo das Férias 114
COMENTÁRIOS

1º PONTO: Do direito intertemporal...114

2º PONTO: 05 dias de férias e doenças profissionais (stress, depressão etc.)...........114

XVIII – Do Dano Extrapatrimonial..115
COMENTÁRIOS

1º PONTO: Do direito intertemporal...117

2º PONTO: Dos contratos novos e das inconstitucionalidades e antijuridicidades da lei 117

3º PONTO: Impropriedades e antinomias da lei 118

4º PONTO: Mais impropriedades e antinomias da lei...119

5º PONTO: De todos os agressores e da competência da Justiça do Trabalho para condenar o sócio ou o empregado assediador 119

6º PONTO: Qual base? 120

7º PONTO: O que seria ofensa de natureza leve, média, grave e gravíssima? 122

XIX – Da Situação de Insalubridade e das Gestantes e Lactantes 123
COMENTÁRIOS

1º PONTO: Do direito intertemporal...124

2º PONTO: Princípio da dignidade da pessoa humana e da proteção do feto 124

XX – Dos Descansos..125
COMENTÁRIOS

1º PONTO: Do direito intertemporal...125

2º PONTO: Princípio da dignidade da pessoa humana e da proteção da criança...125

XXI – Do Trabalho Autônomo 126
COMENTÁRIOS
1º PONTO: Do direito intertemporal...126
2º PONTO: Da fraude e da subordinação própria da relação de emprego 127

XXII – Do Trabalho Intermitente...128
COMENTÁRIOS
1º PONTO: Do direito intertemporal...128
2º PONTO: Contrato intermitente tácito – antinomia com o art. 29 da CLT = condição especial..128
3º PONTO: Contrato intermitente tácito – antinomia com o art. 452-A da CLT = contrato escrito..129
4º PONTO: Distinção entre habitualidade e continuidade 129
5º PONTO: Novo enfoque para a recusa que por si só não é elemento indicativo de autonomia (ou não subordinação) 129
6º PONTO: Do intermitente doméstico..130

XXIII – Da Artificial Autonomia da Vontade = da Inconstitucional, Antijurídica e Antiética Ação Afirmativa Negativa 131
COMENTÁRIOS
1º PONTO: Do direito intertemporal...131
2º PONTO: Da inconstitucionalidade da distinção entre pessoas e trabalhadores por conta do grau de escolaridade e do padrão de remuneração (*caput* e inciso I do art. 5º da CF) = princípio da igualdade = proibição de distinção de qualquer natureza = ações afirmativas são ações positivas (*in melius*) para compensar desigualdades e possibilitar o acesso a direitos outorgados pela lei = não existem ações afirmativas negativas (*in pejus*) para garantir a exclusão de direitos outorgados pela lei...........132
3º PONTO: Da inconstitucionalidade da distinção da proteção constitucional ao trabalhador independente do grau de escolaridade e do padrão de remuneração (*caput* e incisos do art. 7º da CF)..133
4º PONTO: Da inconstitucionalidade da distinção da proteção constitucional ao trabalhador independente do grau de escolaridade e do padrão de remuneração (*caput* e incisos do art. 7º e inciso II do art. 8º da CF)...134

5º PONTO: Do instituto da lesão e do estado de perigo – vício objetivo (arts. 156 e 157 do CCB e art. 51 do CDC) – conceitos amortecedores ou válvulas de segurança (técnicas) do sistema da equidade 135

6º PONTO: Dos abusos e exceções e das condições excessivamente onerosas = conceitos amortecedores = a finalidade do contrato 136

XXIV – Da Sucessão Empresarial (da Empresa Camaleônica) 137
COMENTÁRIOS

1º PONTO: Do direito intertemporal..137

2º PONTO: Com relação aos processos pendentes..138

3º PONTO: Com relação aos novos processos = a questão da fraude trabalhista....138

XXV – Do Contrato de Trabalho Intermitente..140
COMENTÁRIOS

1º PONTO: Do direito intertemporal..143

2º PONTO: Contrato intermitente – características...144

3º PONTO: Contrato intermitente tácito – antinomia entre o art. 443 da CLT (contrato verbal) com o art. 452-A da CLT = contrato escrito....................................145

4º PONTO: Contrato intermitente – art. 29 da CLT = condição especial..................145

5º PONTO: Distinção entre habitualidade e continuidade 145

6º PONTO: Novo enfoque para a recusa que por si só não é elemento indicativo de autonomia (ou não subordinação)..146

7º PONTO: Trabalho para o concorrente sem que haja concorrência desleal ou quebra da fidelidade/confiança 146

8º PONTO: Iniquidade e desproporção das obrigações e sanções antijurídicas......146

9º PONTO: Avulso urbano sem a proteção da gerência sindical................................147

10º PONTO: Férias do trabalhador intermitente 147

11º PONTO: Da liberdade de contratação entre o empregador e o trabalhador intermitente: do intermitente "hipersuficiente"...147

12º PONTO: Do período de inatividade e da descaracterização do contrato de trabalho intermitente 148

13º PONTO: Da rescisão contratual por inatividade do contrato de trabalho intermitente 148

14º PONTO: Das verbas rescisórias pela metade e da ausência do seguro-desemprego..148

15º PONTO: Da carência 149

16º PONTO: Da (ausência) de previdência social, salário-maternidade, auxílio--doença, auxílio-acidentário, aposentadoria 149

XXVI – Do Uniforme e Direito de Imagem 151
COMENTÁRIOS

1º PONTO: Do direito intertemporal 151

2º PONTO: Da utilização da logomarca 151

3º PONTO: Distinção da higienização das vestimentas de uso comum 151

XXVII – Das Parcelas Salariais e Não Salariais da Remuneração 152
COMENTÁRIOS

1º PONTO: Do direito intertemporal 154

2º PONTO: Da violação dos Direitos Constitucionais expressos nos incisos do art. 7º da CF – rouba e esvazia a densidade do conteúdo deles 156

3º PONTO: Da violação do *caput* do art. 7º da CF 156

4º PONTO: Da violação do *caput* e inciso VI do art. 7º da CF 157

XXVIII – Da Equiparação Salarial 158
COMENTÁRIOS

1º PONTO: Do direito intertemporal 158

2º PONTO: Da violação dos Direitos Constitucionais expressos nos incisos do art. 7º da CF – rouba e esvazia a densidade do conteúdo deles 159

3º PONTO: Da violação do *caput* e inciso I do art. 5º da CF – na medida que possibilita a discriminação salarial de trabalhadores que prestam serviço de igual valor ao mesmo empregador na mesma cidade ou região metropolitana 161

4º PONTO: Quadro de carreira e plano de cargos e salários 161

5º PONTO: Equiparação em cascata = paradigma remoto 161

6º PONTO: Multa pela inobservância da equiparação por conta de sexo e etnia 161

XXIX – Reversão do Cargo de Confiança em Comissão e Retorno à Função Efetiva e Supressão da Gratifição de Função sem Justo Motivo 163
COMENTÁRIOS

1º PONTO: Do direito intertemporal 163

2º PONTO: Impunidade na reversão ilícita 164

XXX – Da Rescisão Contratual e Pagamento das Verbas Rescisórias........................165
COMENTÁRIOS
1º PONTO: Do direito intertemporal...166
2º PONTO: Da ideologia da lei...166
3º PONTO: Do prazo de pagamento 166
4º PONTO: Do pagamento em dinheiro 166

XXXI – Da Dispensa Coletiva e Exclusão Sindical 167
COMENTÁRIOS
1º PONTO: Do direito intertemporal...167
2º PONTO: Da ideologia hiperliberal encarnada na lei..167
3º PONTO: Da inconstitucionalidade em face dos incisos VI, XIV e XXVI do art. 7º e do inciso II do art. 8º da CF 168

XXXII – Do PDV e da Quitação Geral...169
COMENTÁRIOS
1º PONTO: Do direito intertemporal...169
2º PONTO: Da disposição em contrário..169

XXXIII – Da Justa Causa da Alínea *m* do art. 482 da CLT 170
COMENTÁRIOS
1º PONTO: Do direito intertemporal...170
2º PONTO: Justa Causa por conta de situação externa 170

XXXIV – Do Acordo para a Rescisão Contratual 171
COMENTÁRIOS
1º PONTO: Do direito intertemporal...171
2º PONTO: Acordos e pagamentos pela metade de aviso-prévio e multa do FGTS 173
3º PONTO: Perda do Seguro-Desemprego e Retenção de 20% do FGTS pelo Governo 173

XXXV – Da Cláusula Compromissória de Arbitragem e a Lei da Arbitragem e o § 1º do art. 114 da CF 174

COMENTÁRIOS

1º PONTO: Do direito intertemporal..174

2º PONTO: A necessidade de compatibilidade com a única exceção ao monopólio do controle jurisdicional (pela Justiça do Trabalho) da tutela dos direitos trabalhistas, conforme *caput* e § 1º do art. 114 da CF (que só admite a arbitragem na esfera do direito coletivo)..176

3º PONTO: A necessidade de compatibilidade com o microssistema arbitral ou com a Lei (Geral) da Arbitragem (Lei n. 9.307/96) que só alberga direitos patrimoniais e disponíveis 176

4º PONTO: Dos § 5º e § 6º do art. 337 do CPC/2015 (c/c art. 15 do CPC) – da impossibilidade de conhecimento de ofício e da renúncia ao juízo arbitral 177

5º PONTO: Da distinção da cláusula arbitral do compromisso arbitral 177

XXXVI – Da Quitação Anual 178

COMENTÁRIOS

1º PONTO: Do direito intertemporal..178

2º PONTO: Da inconstitucionalidade da distinção da proteção constitucional ao trabalhador (*caput* e incisos do art. 7º e do inciso II do art. 8º da CF)........................178

3º PONTO: Do instituto da lesão e do estado de perigo – vício objetivo (arts. 156 e 157 do CCB e art. 51 do CDC) – conceitos amortecedores ou válvulas de segurança (técnicas) do sistema da equidade..179

4º PONTO: Da responsabilidade direta do sindicato no caso da perda de direitos por culpa (imprudência, imperícia ou negligência) e dolo caso se identifiquem prejuízos para o empregado 180

XXXVII – Da Comissão de Fábrica 181

COMENTÁRIOS

1º PONTO: Do direito intertemporal..182

2º PONTO: Da exclusão da participação de determinados empregados.................183

3º PONTO: A obrigatoriedade da prestação de serviços...183

4º PONTO: Da garantia de emprego 183

XXXVIII – Da Contribuição Sindical 184
COMENTÁRIOS
1º PONTO: Do direito intertemporal..185

2º PONTO: Da extinção da obrigatoriedade do imposto sindical............................185

XXXIX – Convenção Coletiva, Nulidades e Acesso à Justiça (art. 611-A) 186
COMENTÁRIOS
1º PONTO: Do direito intertemporal..187

2º PONTO: Da hierarquia constitucional da garantia e defesa dos direitos dos trabalhadores e da inconstitucionalidade do art. 611-A da CLT (em face do *caput* e incisos do art. 7º e *caput* e incisos do art. 8º da CF)..187

3º PONTO: Da inconstitucionalidade do art. 611-A diante do inciso III do art. 8º da CF...189

4º PONTO: Antinomias internas da própria lei 190

5º PONTO: Do instituto da lesão e do estado de perigo – vício objetivo (arts. 156 e 157 do CCB e art. 51 do CDC) – conceitos amortecedores ou válvulas de segurança (técnicas) do sistema da equidade 191

6º PONTO: Dos abusos e exceções e das condições excessivamente onerosas = conceitos amortecedores = a finalidade do contrato 192

XXXX – Do Objeto Ilícito da Convenção Coletiva, Nulidades e Acesso à Justiça (art. 611-B) 193
COMENTÁRIOS
1º PONTO: Antinomias 194

2º PONTO: Violação do princípio da dignidade da pessoa humana pelo Parágrafo Único do art. 611-B da CLT 195

3º PONTO: Violação do inciso XXII do art. 7º da CF pelo Parágrafo Único do art. 611-B da CLT 195

XXXXI – Do Prazo e da Ultratividade da Convenção Coletiva (art. 614) 196
COMENTÁRIOS
1º PONTO: Da quebra da paridade de forças 196

2º PONTO: Da consequência = manutenção e incorporação de direitos nos contratos individuais 196

XXXXII – Da Prevalência do Acordo Coletivo Sobre a Convenção Coletiva (art. 620) 197

COMENTÁRIO

Da hierarquia constitucional da garantia e defesa dos direitos dos trabalhadores (*caput* e incisos do art. 7º e *caput* e incisos do art. 8º da CF) = da garantia constitucional da norma mais favorável 197

Referências Bibliográficas 199

"INTERTEXTO

Primeiro levaram os negros
Mas não me importei com isso
Eu não era negro

Em seguida levaram alguns operários
Mas não me importei com isso
Eu também não era operário

Depois prenderam os miseráveis
Mas não me importei com isso
Porque eu não sou miserável

Depois agarraram uns desempregados
Mas como tenho meu emprego
Também não me importei

Agora estão me levando
Mas já é tarde.
Como eu não me importei com ninguém
Ninguém se importa comigo.

Bertolt Brecht"

INTRODUÇÃO

DO DIREITO MATERIAL/DIREITO INTERTEMPORAL

No primeiro Volume dessa obra, ou, na primeira parte desse livro abordaremos, de forma panorâmica, os aspectos gerais da Lei n. 13.467/2017, bem como com referência às alterações introduzidas no período e vigência da Medida Provisória n. 808 de 14.11.2017 a 23.04.2018, no tocante a parte material da reforma trabalhista, particularmente no que diz respeito às questões de direito intertemporal referentes aos contratos de trabalho já constituídos anteriormente a mencionada lei.

Importante, desde logo, destacar que a Lei n. 13.467/2017 (assim como a Medida Provisória n. 808/2017), a despeito de mal denominada de reforma trabalhista, na verdade, corresponde a legislação esparsa, ou seja, não é um Código e nem uma Consolidação, assim, apenas, introduziu diversas normas no bojo da Consolidação das Leis do Trabalho, inclusive, adotando ao lado da numeração decimal uma ordem alfabética.

Tanto se trata de uma lei esparsa e não de um novo Código ou Consolidação que a Lei n. 13.467/2017, somente, revogou dispositivos específicos da CLT, especificamente, mencionados no seu art. 5:

"Art. 5º Revogam-se: – os seguintes dispositivos da Consolidação das Leis do Trabalho (CLT), aprovada pelo Decreto-Lei n. 5.452, de 1º de maio de 1943:

a) § 3º do art. 58;

b) § 4º do art. 59;

c) art. 84;

d) art. 86;

e) art. 130-A;

f) § 2º do art. 134;

g) § 3º do art. 143;

h) parágrafo único do art. 372;

i) art. 384;

j) §§ 1º, 3º e 7º do art. 477;

k) art. 601;

l) art. 604;

m) art. 792;

n) parágrafo único do art. 878;

o) §§ 3º, 4º, 5º e 6º do art. 896;

p) § 5º do art. 899;

I – a alínea *a* do § 8º do art. 28 da Lei n. 8.212, de 24 de julho de 1991;

III – o art. 2º da Medida Provisória n. 2.226, de 4 de setembro de 2001."

Como toda e qualquer lei é fundamental entender o método de sua integração, interpretação e aplicação, ou seja, de sua inserção no sistema/ordenamento jurídico vigente que deverá observar as regras das normas (e sistemas) denominadas de superdireito ou sobredireito.

O superdireito é o conjunto de normas e princípios que disciplinam o método de integração, intepretação e aplicação de outras leis.

Entre as normas e sistemas de superdireito encontram-se a Constituição Federal, a Lei de Introdução às Normas do Direito Brasileiro, o Novo CPC (em especial a partir do art. 15 do CPC/2015), e, ainda, o próprio microssistema no qual será inserida a nova lei, no caso concreto, o microssistema (material e processual) laboral composto pela própria CLT.

Assim, como método de integração do direito, previamente, cabe a verificação de sua constitucionalidade, da compatibilidade com o sistema material e processual como um todo, a sua compatibilidade com o microssistema (material) e processual que é constituído pela própria CLT, e, a sua aplicação imediata com observância do ato jurídico perfeito, do direito adquirido e da coisa julgada.

Nesse ponto, cabe já salientar que o respeito ao ato jurídico perfeito, ao direito adquirido e a coisa julgada, garantias da cidadania, no Brasil, diferentemente do que ocorre em outros países, especialmente, no direito europeu, foram elevadas ao patamar da proteção Constitucional, tendo sido insculpidas no inciso XXXVI do art. 5º da CF, a despeito do que no período que teve vigência diga o art. 2º da Medida Provisória 808/2017 (*"O disposto na Lei n. 13.467, de 13 de julho de 2017, se aplica, na integralidade, aos contratos de trabalho vigentes."*)

A análise que será levada a efeito nesse livro a respeito dos aspectos materiais e de direito intertemporal trazidos pela Lei n. 13.467/2017 complementada, nesse particular, pelo art. 2º da Medida Provisória n. 808/2017, terá sempre como premissa maior o sistema de integração, interpretação e aplicação dos novos dispositivos legais à luz das normas de superdireito (ou sobredireito), em especial a Constituição Federal.

PARTE I

ASPECTOS DE DIREITO MATERIAL

I

O Direito Constitucional Material e Processual

1. NORMA DE SUPERDIREITO OU SOBREDIREITO

O estudo do direito material e do processo e da aplicação das leis materiais e processuais deve ser feito a partir dos princípios, garantias e disposições derivadas da Constituição Federal.

Esse método denominado direito material e processual constitucional impõe verificar a compatibilidade da lei com os princípios e garantias definidos na Constituição Federal e que não admitem transgressão.

Destaque-se a hierarquia constitucional dos valores envolvidos que devem ser objeto de investigação: i) a proteção ao trabalhador (*caput* do art. 7º da CF); e ii) o respeito ao ato jurídico perfeito e ao direito adquirido (inciso XXXVI do art. 5º da CF).

Portanto, o sistema jurídico brasileiro impõe no tocante ao tema da aplicação imediata da lei nova a observância fixada hierarquicamente, no plano constitucional, i) da garantia do respeito as normas de proteção dos interesses do trabalhador pelo Estado, além de outras normas que visem à melhoria de sua condição social (*caput* do art. 7º da CF); e, ii) do respeito ao ato jurídico perfeito e aos direitos adquiridos e a coisa julgada (inciso XXXVI do art. 5º da CF).

A segurança jurídica, no sistema jurídico brasileiro, alcançou tal relevância, que tem hierarquia constitucional (inciso XXXVI do art. 5º da CF).

Da mesma forma, a proteção dos direitos dos trabalhadores.

A Constituição Federal de 1988 ao regular os direitos e garantias fundamentais, cuida em seu capítulo II – Dos Direitos Sociais, e, os arts. 7º e 8º cuidam dos direitos trabalhistas: "Art. 7º São direitos dos trabalhadores urbanos e rurais, além de outros que visem à melhoria de sua condição social".

No art. 7º da CF, especialmente, no seu *caput*, a Constituição Federal do Brasil, ao disciplinar os direitos e garantias fundamentais, estabeleceu a obrigatoriedade da promoção pelo Estado brasileiro (Legislativo, Executivo e Judiciário) da defesa e proteção do trabalhador, como um dos princípios da ordem social e econômica brasileira a limitar a autonomia da vontade e a livre iniciativa, em conformidade com os ditames da justiça distributiva (justa e solidária) que assegure aos trabalhadores uma existência digna (outro elemento de garantia constitucional fincado no inciso III do art. 1º da CF).

Poder-se-á dizer que os princípios i) da proteção e defesa dos direitos dos trabalhadores pelo Estado; e ii) da norma mais favorável ao trabalhador ganharam garantia constitucional, na CF de 1988.

Nesse ponto, a cada passo, cumpre verificar a compatibilidade dos dispositivos da Lei n. 13.467/2017 e no período de vigência da Medida Provisória n. 808/2017, denominada Reforma Trabalhista, com o arcabouço constitucional do direito material do trabalho, fundamentalmente, dentre outros, os incisos III e IV do art. 1º; incisos I, III e IV do art. 3º; o *caput* e incisos I, V, X, XI, XII, XXII, XXXIV, XXXV, XXXVI, LIV, LV, LVI e LXXVIII do art. 5º da CF; o *caput* do art. 7º e demais incisos, o art. 8º, 96 (I) e 114 da CF, o que será feito de forma particularizada no correr do exame de cada dispositivo novo.

II

A LEI DE INTRODUÇÃO ÀS NORMAS DO DIREITO BRASILEIRO (DECRETO-LEI N. 4.657/42)

1. NORMA DE SUPERDIREITO OU SOBREDIREITO

A Lei de Introdução às Normas do Direito Brasileiro é norma de superdireito, pois, tem por objeto outras leis, ou melhor, a disciplina de outras leis, especialmente, no tocante ao critério de produção e atuação jurídica, de interpretação e da aplicação espacial e temporal.

Para o exame da aplicação da Lei n. 13.467/2017 no presente estudo, particularmente, interessa as determinações da Lei de Introdução às Normas do Direito Brasileiro no que dizem respeito às situações (vantagens/desvantagens, direitos e consequências de derivadas de atos isolados) já consumadas, aos fins sociais da lei e da ordem pública (arts. 4º, 5º, 6º e 17 do Decreto-Lei n. 4.657/42), que, a rigor, correspondem as disposições constitucionais relativas a garantia constitucional da irretroatividade em respeito ao ato jurídico perfeito e ao direito adquirido (incisos XXXVI do art. 5º da CF) tanto no que diz respeito às normas de direito material, quanto de direito processual e de direito material e processual do trabalho.

Nesse sentido, dispõe a Lei de Introdução às Normas do Direito Brasileiro:

Art. 4º Quando a lei for omissa, o juiz decidirá o caso de acordo com a analogia, os costumes e os princípios gerais de direito.

Art. 5º Na aplicação da lei, o juiz atenderá aos fins sociais a que ela se dirige e às exigências do bem comum.

Art. 6º A Lei em vigor terá efeito imediato e geral, respeitados o ato jurídico perfeito, o direito adquirido e a coisa julgada.

§ 1º Reputa-se ato jurídico perfeito o já consumado segundo a lei vigente ao tempo em que se efetuou.

§ 2º Consideram-se adquiridos assim os direitos que o seu titular, ou alguém por êle, possa exercer, como aquêles cujo começo do exercício tenha têrmo pré-fixo, ou condição pré-estabelecida inalterável, a arbítrio de outrem.

§ 3º Chama-se coisa julgada ou caso julgado a decisão judicial de que já não caiba recurso.

(...)

Art. 17. As leis, atos e sentenças de outro país, bem como quaisquer declarações de vontade, não terão eficácia no Brasil, quando ofenderem a soberania nacional, a ordem pública e os bons costumes. "

III

Dos Limites da Aplicação Imediata da Lei de Direito Material ou Processual Fixados pela Norma de Superdireito ou Sobredireito

Nos termos do que dispõe o art. 6º da Lei de Introdução às Normas do Direito Brasileiro, bem como o inciso XXXVI do art. 5º da CF, a lei material e processual tem eficácia imediata a partir da sua vigência, respeitado o ato jurídico perfeito, o direito adquirido e a coisa julgada.

Dessa forma, tanto a lei de Introdução às Normas do Direito Brasileiro, como a CF estabelecem a garantia da segurança das relações jurídicas.

Nesse sentido, a lei nova não retroage e seu efeito imediato não atinge os fatos anteriores e nem os efeitos futuros desse fato, de forma a respeitar o ato jurídico perfeito e o direito adquirido.

A despeito do efeito imediato, a atuação das leis encontra limite no ato jurídico perfeito e no direito adquirido.

E os contratos constituídos se caracterizam como a mais clássica situação do ato jurídico perfeito e, assim, geram e consolidam direitos adquiridos e consequências e efeitos passados, presente e futuros (situações de vantagem e desvantagem derivadas do ato de vontade contratual original) que não podem ser alcançadas, particularmente, porque essas situações de vantagem (ou mas benéficas em face da lei nova) foram asseguradas pelas próprias partes ao contratarem (inciso XXXVI do art. 5º da CF c/c art. 468 da CLT anterior a Lei n. 13.467/2017, que proíbe alterações prejudiciais, ainda, que bilaterais) e que resultam no ato jurídico perfeito, bem como em direitos adquiridos.

Os contratos – que, ao serem constituídos se caracterizam como ato jurídico perfeito – contêm regras que geram consequências e efeitos derivados da vontade negocial ainda que escorada na lei, tendo entrado para o patrimônio do sujeito, se caracterizam como direito adquirido.

Logo, não são aplicáveis e não têm incidência imediata aos contratos já anteriormente constituídos aquelas alterações legislativas, derivadas da Lei n. 13.467/2017 e da Medida Provisória n. 808/2017, no que forem desvantajosas ou menos benéficas do que as cláusulas contratuais ancoradas no ato jurídico.

Noutras palavras, o contrato firmado sob a égide do art. 468 da CLT anterior a Lei n. 13.467/2017 se constitui ato jurídico perfeito, formado e constituído sob o regime da lei antiga se tornou apto para produzir os seus efeitos de forma há impor limites a eficácia imediata da lei nova.

Portanto, haverá a retroatividade na aplicação da lei nova aos efeitos atuais do contrato assinado anteriormente a entrada em vigência da lei nova.

Noutros termos, se a lei nova infirmar cláusula ou direito (*v.g.*, sua natureza, valor e indenização) estipulado no contrato assinado anteriormente a ela, a lei nova terá efeito retroativo – posto que, ainda que os efeitos produzidos anteriormente à lei nova não sejam por ela atingidos – se atingirem os efeitos atuais do contrato anteriormente assinado, a retroatividade continuará a ser verdadeira retroatividade, ainda que denominada mínima, mitigada ou temperada.

Essa é a posição mais segura para o juiz e para as partes, especialmente, em se tratando de relações privadas em curso, como é o caso do contrato de trabalho.

Pela proibição da retroatividade das leis, pela garantia do ato jurídico perfeito, dos direitos adquiridos, não é possível mudar um efeito do contrato de trabalho de trato sucessivo, pois, na verdade, estar-se-á alterando o próprio contrato, a causa-concreta original.

Não é possível, pois, pela aplicação imediata da lei nova se modificar nenhum aspecto ou nenhum efeito do contrato de trabalho assinado e já perfeitamente constituído/consumado, sob pena de qualquer incidência nulificante ou modificadora de seus aspectos e efeitos, significar mudar sua causa-concreta e histórica (do elemento gerador dos efeitos), e, portanto, violação do ato jurídico perfeito.

IV

Do Ato Jurídico Perfeito e a Hierarquia Máxima da Garantia Constitucional

1. DO INCISO XXXVI DO ART. 5º DA CF

Dispõe o inciso XXXVI do art. 5º da CF:

"XXXVI – a lei não prejudicará o direito adquirido, o ato jurídico perfeito e a coisa julgada"

Ainda, dispõem o art. 6º da Lei de Introdução às Normas do Direito Brasileiro:

"Art. 6º A Lei em vigor terá efeito imediato e geral, respeitados o ato jurídico perfeito, o direito adquirido e a coisa julgada.

§ 1º Reputa-se ato jurídico perfeito o já consumado segundo a lei vigente ao tempo em que se efetuou.

§ 2º Consideram-se adquiridos assim os direitos que o seu titular, ou alguém por êle, possa exercer, como aquêles cujo começo do exercício tenha têrmo pré-fixo, ou condição pré-estabelecida inalterável, a arbítrio de outrem."

2. A CONSTITUIÇÃO DO CONTRATO COMO ATO JURÍDICO PERFEITO

O ato jurídico perfeito corresponde a uma atividade concreta no mundo dos fatos, por isso, é mais visível no plano valorativo que o direito adquirido que corresponde mais a uma situação jurídica subjetiva extraída da lei anterior e de caráter mais abstrato.

A noção e o conceito do ato jurídico perfeito se deu para dar maiores garantias àqueles presentes na noção do direito adquirido (incorporado ao patrimônio jurídico pela simples incidência da lei a sua espécie fática, independentemente de um ato concreto, justamente, por ser muito abstrata).

A base do ato jurídico perfeito é uma fonte normativa materializada num ato concreto – e não num direito abstrato –, num contrato assinado.

Caracterizado o contrato assinado como ato jurídico perfeito, o ato em sua forma original (o contrato) está protegido, porque acompanhado pela lei antiga que disciplinou sua existência, validade e eficácia.

A consumação do ato jurídico perfeito se dá na sua constituição, de forma que ao se constituir já é a causa de futuros efeitos como mera decorrência do ato/contrato assinado pelas partes.

A consumação do ato jurídico perfeito se dá com a simples assinatura do contrato, isso, tanto no que diz respeito a sua constituição quanto aos seus efeitos passados e futuros, que deverão ser regidos pela lei antiga, ainda que superada pela lei nova, ou seja, aquela lei vigente ao tempo da assinatura do contrato.

Se a lei nova alcançar os efeitos futuros de contratos celebrados anteriormente a vigência dela, ela será uma lei retroativa porque vai interferir na causa, que é um fato ou ato – contrato – ocorrido no passado.

E o disposto no inciso XXXVI do art. 5º da CF se aplica a toda e qualquer lei infraconstitucional.

Portanto, o contrato, mesmo que de trato sucessivo, já constituído e que, por ser de trato continuado, ainda, está surtindo efeitos (novos) configura ato jurídico perfeito, de forma que a alteração, por conta da lei nova, de qualquer critério de pagamento ou a alteração da natureza jurídica de qualquer de suas cláusulas (causas (direitos) e efeitos (reflexos, ressarcimento, contrapartidas e indenizações)) ofendem o ato jurídico perfeito e violam o inciso XXXVI do art. 5º da CF.

V

A Constituição do Contrato de Trabalho como Ato Jurídico Perfeito

O contrato de trabalho é de trato sucessivo, mas, nem por isso, deixa de ser um contrato consensual, que é o ato jurídico perfeito consumado no momento em que o acordo de vontades se constituiu.

Vale, ainda, observar que, nos termos do que dispõe o art. 442 da CLT, "*o contrato individual de trabalho é o <u>acordo tácito ou expresso</u>, correspondente à relação de emprego.*"

Dessa forma, a perfeição do ato se dá no momento de sua constituição. E, como consequência, os efeitos do contrato em curso no dia da mudança da legislação regulam-se pela lei da época da constituição do contrato, o que, inclusive, garante a manutenção do equilíbrio inicial do contrato e dos legítimos interesses e direitos das partes integrantes do contrato à aplicação da lei vigente quando da assinatura do contrato.

Isto garante a força da manutenção de direitos e obrigações frente a leis supervenientes que a eles se contraponham.

Isto porque, na execução do contrato de trato sucessivo é essencial se resguardar os interesses que foram a causa da sua constituição.

Logo, haverá a retroatividade na aplicação da lei nova aos efeitos atuais do contrato assinado anteriormente a entrada em vigência da lei nova.

Repita-se, se a lei nova infirmar cláusula ou direito (sua natureza, valor e indenização) estipulado no contrato assinado anteriormente a ela, a lei nova terá efeito retroativo – posto que, ainda, que os efeitos produzidos anteriormente à lei nova não sejam por ela atingidos – se atingirem os efeitos atuais do contrato anteriormente assinado, a retroatividade continuará a ser verdadeira retroatividade, ainda, que denominada mínima, mitigada ou temperada.

Insista-se, esse é o melhor e mais correto entendimento para o juiz e para as partes, especialmente, em se tratando de relações privadas (especialmente, individuais) em curso, como é o caso do contrato individual de trabalho.

Cumpre, mais uma vez, registrar: pela proibição da retroatividade das leis, pela garantia do ato jurídico perfeito, dos direitos adquiridos, não é possível mudar um efeito do contrato de trabalho de trato sucessivo, pois, na verdade, estar-se-á alterando o próprio contrato, a causa-concreta original.

Não é possível, pois, pela aplicação imediata da lei nova se modificar nenhum aspecto ou nenhum efeito do contrato de trabalho já perfeitamente constituído/consumado, sob pena de qualquer incidência nulificante ou modificadora dos seus aspectos e efeitos, significar mudar sua causa-concreta e histórica (do elemento gerador dos efeitos), e, portanto, violação do ato jurídico perfeito.

VI

Do Direito Adquirido e o Contrato de Trabalho

"O direito adquirido consiste na faculdade de continuar a extraírem-se efeitos de um ato contrário ao previsto na lei atualmente em vigor, ou, se preferimos continuar a gozar dos efeitos de uma lei pretérita mesmo depois dela ter sido revogada."[1]

"O direito adquirido é direito e não ato, sua fonte é abstrata, é a legitimação vinda do próprio sistema jurídico que o reconhece."[2]

"O direito adquirido nada mais é, portanto, que uma situação subjetiva que deve ser respeitada pelo legislador."[3]

"O direito adquirido é a consequência de uma lei, por via direta ou por intermédio de fato idôneo; consequência que, tendo passado a integrar o patrimônio material ou moral do sujeito."[4]

A lei nova se aplica às expectativas de direito, isto é, às faculdades abstratas ou em vias de se concretizarem, cuja perfeição está na dependência de um requisito legal ou de um aquisitivo específico."[5]

"As faculdades concretas, isto é, aquelas que já passaram para o patrimônio moral ou material do sujeito estão incluídas no conceito fundamental de direito adquirido."[6]

A despeito do efeito imediato, a atuação das leis encontra limite no direito adquirido. E os contratos geram direitos adquiridos e consequências (situações de vantagem e desvantagem), particularmente, quando essas são asseguradas pela própria lei (*v.g.* art. 468 da CLT anterior a Lei n. 13.467/2017, que proíbe alterações prejudiciais, ainda, que bilaterais).

---

(1) FERREIRA FILHO, Manoel Gonçalves. *Comentários à Constituição Federal de 1988*, vol. 2, 1989.
(2) MARQUES, Cláudia Lima. *Contratos no Código de Defesa do Consumidor*, Vol. 1, 1999, RT, SP, 3. ed., p. 260 e edição de 2016.
(3) LIMA MARQUES, *idem*, p. 261.
(4) LIMONGI FRANÇA, Rubens. *A Irretroatividade das Leis e o Direito Adquirido*, SP/SP, RT, 1982, p. 258.
(5) LIMONGI, *idem*, p. 258.
(6) LIMONGI, *ibidem*, p. 258.

Os contratos contêm regras que geram consequências que, em particular quando derivadas da lei, tendo entrado para o patrimônio do sujeito, se caracterizam como direito adquirido.

Logo, no que toca a alterações contratuais que digam respeito aos contratos já firmados antes da Lei n. 13.467/2017 – por força do art. 468 da CLT anterior a Lei n. 13.467/2017 c/c o art. 6º da Lei de Introdução às Normas do Direito Brasileiro c/c o inciso XXXVI do art. 5º da CF – a lei aplicável aos contratos é a antiga e não a nova.

VII

Das Leis que Disciplinam Situações Institucionais ou Estatutárias e das Leis que Disciplinam Contratos, Conforme Entendimento do Plenário do Supremo Tribunal Federal

1. DISTINÇÃO DA SITUAÇÃO DE LEI QUE DISCIPLINA RELAÇÕES INDIVIDUAIS PRIVADAS E DA LEI QUE DISCIPLINA SITUAÇÕES GERAIS, INSTITUCIONAIS OU ESTATUTÁRIAS QUE NÃO ADMITEM QUE O NEGOCIADO PREVALEÇA SOBRE O LEGISLADO

O Plenário do Supremo Tribunal Federal, com voto redator do Acórdão do Ministro Teori Zavascki, já assentou no RE 212.609/SP, bem como na ADI n. 493 e no MS 221.216, a distinção entre a situação que a lei disciplina relações individuais privadas e a lei de natureza institucional que disciplina relações de natureza estatutária ou institucionais, conforme fundamentos abaixo reproduzidos.

"Na aplicação da cláusula constitucional que assegura, em face da lei nova, a preservação do direito adquirido e do ato jurídico perfeito (CF, art. 5º, XXXVI) <u>impõe distinguir duas diferentes espécies de situações jurídicas</u>:

(i) as situações jurídicas individuais, que são formadas por ato de vontade (especialmente os contratos), cuja celebração, quando legítima, já lhes outorga a condição de ato jurídico perfeito, inibindo, desde então, a incidência de modificações legislativas supervenientes; e

(ii) as situações jurídicas institucionais ou estatutárias, que são formadas segundo normas gerais e abstratas, de natureza cogente, em cujo âmbito os direitos somente podem ser considerados adquiridos quando inteiramente formado o suporte fático previsto na lei como necessário à sua incidência. Nessas situações, as normas supervenientes, embora não comportem aplicação retroativa, podem ter aplicação imediata."

Assim, no caso de situações institucionais em que não há contratualidade, ou seja, a inserção das pessoas no complexo de direitos e deveres próprios da situação institucional deriva pura e simplesmente de um ato condição ou um ato regulamentar, ou seja, não tem natureza contratual, não estabelece um vínculo básico de natureza contratual, não decorre de um ato de vontade subjetiva e não cria direitos e obrigações que já existem e estão fixados de forma objetiva, impessoal e cogente no estatuto legal.

E, exatamente, por não existir nas situações institucionais uma origem contratual ou de um ato de vontade subjetiva a criar direitos, não é possível se extrair em face delas a figura do ato jurídico perfeito (e da observância do direito adquirido derivado inclusive dos efeitos futuros de ato jurídico perfeito ocorrido no passado) que só decorre do contrato.

E, justamente, por não existir nas situações institucionais um vínculo contratual e, assim, não existir na sua origem um ato jurídico perfeito é que se admite a aplicação imediata da lei nova que estabelece nova disciplina pertinente às situações institucionais sem que se possa objetar com a observância do ato jurídico perfeito.

E, é, exatamente, o oposto o que ocorre no caso de situações jurídicas subjetivas que têm sua base ou seu vínculo original estabelecido a partir do contrato (v.g. *contrato de trabalho, contrato de consumo, contrato de plano de saúde, contrato de previdência privada, contrato de locação, contrato de compra e venda da casa etc.*)**, do acordo de vontades, a partir do qual, imediatamente, exsurge o contrato, ou seja, o ato jurídico perfeito, que, necessariamente, inclusive, quando de trato sucessivo ou de execução diferida e que diz respeito aos seus efeitos futuros deverá ser observado se tornando, assim, imune ou afastando a aplicação imediata da lei nova sobre os seus efeitos futuros, sob pena de, assim não sendo, se ofender o ato jurídico perfeito e os direitos adquiridos (*status* da situação jurídica contratual) dele derivados e, consequentemente, se ofender o inciso XXXVI do art. 5º da Constituição Federal.**

No regramento jurídico de situações institucionais legais ou estatutárias, cujo conteúdo é necessário e exatamente o mesmo para todos os indivíduos que delas é titular, pois, o modelamento do conteúdo é determinado por disposição geral, pelo ato/fato condição o sujeito se investe, ingressa (ou adere) na situação geral desencadeando um conjunto de direitos e deveres, ou seja, pelo ato/fato condição (que não tem natureza contratual) implementa-se o necessário para que o quadro normativo já existente passe a vigorar em relação aos sujeitos que nele se vêm incluir.

O ato/fato condição não tem natureza contratual, posto que não cria direito novo e nem situação subjetiva como ocorre com o ato subjetivo contratual, tão somente, determina a incidência de uma situação objetiva e geral sobre alguém que ingressa em regime institucional ou estatutário comum aos demais indivíduos colhidos por esta situação geral.

Nessa situação jurídica de cunho puramente institucional ou estatutário que deriva da incidência do quadro normativo já existente geral e aplicável de forma exatamente idêntica para todos os sujeitos que se investiram dele pelo ato condição (de natureza não contratual, mas, puramente, institucional), o modelo legal não se sujeita a contratação subjetiva e particularizada e individualizada por negociação entre os indivíduos.

A característica mais típica das situações institucionais ou estatutárias é, justamente, a impossibilidade jurídica de se falar que o negociado possa prevalecer sobre o legislado, em especial para contratualmente se individualizar e personalizar (de forma subjetiva e individualizada) a disciplina jurídica de categorias jurídicas pertencentes ao complexo de direitos e deveres estabelecidos no estatuto ou na lei de natureza institucional.

Registre-se que a principal característica da Lei n. 13.467/2017 e da Medida Provisória n. 808/2017 é a que estabelece a possibilidade do negociado prevalecer sobre o legislado.

Só por essa característica da Lei n. 13.467/2017 e da Medida Provisória n. 808/2017: que estabelece a possibilidade do negociado prevalecer sobre o legislado, fica absolutamente claro e indene de qualquer dúvida que a Lei n. 13.467/2017 e a Medida Provisória n. 808/2017 não têm natureza jurídica institucional ou estatutária, mas sim, que disciplinam regras de natureza contratual, individual e subjetiva.

E, por essa circunstância específica e original (do negociado prevalecer sobre o legislado), necessariamente, a Lei n. 13.467/2017 e a Medida Provisória n. 808/2017 não têm natureza institucional e, assim, não podem ter aplicação imediata sobre regras contratuais já vigentes derivadas de contratos de trabalho já constituídos, sob pena de violação do ato jurídico perfeito e seus efeitos presentes e futuros, e, por consequência do direito adquirido deles derivado.

VIII

Ainda da Distinção da Situação de Lei que Disciplina Relações Individuais Privadas e da Lei de Natureza Estatutária que Disciplina Relações do Estado com a Sociedade como um Todo = Situações Gerais, Institucionais ou Estatutárias = que não Admitem que o Negociado Prevaleça sobre o Legislado

A Constituição impôs limitações ao legislador no que se refere a criação de leis e sua incidência no tempo: a lei não prejudicará o direito adquirido, o ato jurídico perfeito e a coisa julgada (inciso XXVI do art. 5º da CF).

Esta regra e garantia Constitucional trata-se de norma de sobredireito estabelecida com a finalidade de nortear e controlar a produção de outras normas jurídicas, tendo como destinatário direto o próprio legislador infraconstitucional, com o Poder Judiciário a fiscalizá-lo, controlar e reparar eventuais transgressões.

Não se pode confundir aplicação imediata da lei com aplicação retroativa da lei.

A aplicação retroativa é que faz a norma nova incidir sobre suportes fáticos ocorridos no passado.

A aplicação imediata é que se dá sobre fatos presentes, atuais, não sobre fatos passados.

Nesse caso, deve-se observar que pode haver fatos atuais ou até futuros que constituem, simplesmente, efeitos de atos jurídicos perfeitos ocorridos no passado, particularmente, quando se cuida de relações de trato sucessivo, como é o caso dos contratos individuais do trabalho.

Como já visto, para o Supremo Tribunal Federal é fundamental na resolução da aplicação imediata da lei, ainda, que com retroatividade mínima, a nítida distinção entre duas situações jurídicas diferentes:

i) situações jurídicas individuais – formadas por ato de vontade (especialmente, os contratos, como é o caso do contrato individual de trabalho), cuja celebração já lhes outorga a condição de ato jurídico perfeito e, portanto, imune a modificações legislativas supervenientes;

ii) situações jurídicas formadas segundo normas gerais e abstratas de natureza cogente – denominadas situações institucionais ou estatutárias.

Portanto, para o Plenário do Supremo Tribunal Federal em matéria de direito intertemporal é indispensável que se trace a distinção entre direito adquirido fundado em ato de vontade (contrato = ato jurídico perfeito) e direito adquirido fundado em preceito normativo de cunho institucional ou estatutário, onde a vontade individual é neutra ou irrelevante.

Por meio do ato subjetivo de vontade privada se cria direito novo (negociado sobre o legislado) – ao contrário do que ocorre com o ato condição derivado da situação institucional que apenas, implementa o necessário a fim de que um quadro normativo existente passe a vigorar em relação ao sujeito que nele se incluir.

Obviamente que uma lei (como a Lei n. 13.467/2017), que tem como finalidade específica e expressa a ampla liberdade contratual e a observância da autonomia da vontade contratual não tem natureza cogente e geral, aliás, nada poderia mais explicitamente se referir a regras contratuais disponíveis entre particulares (subjetivas) e intensamente individuais.

Noutras palavras, a finalidade da Lei n. 13.467/2017 e da Medida Provisória n. 808/2017 é justamente estabelecer regras não estatutárias, não institucionais e não cogentes e, sim, atribuindo autonomia e liberdade maior ao ato de vontade individual particular e de natureza contratual privada.

Logo, a Lei n. 13.467/2017 e a Medida Provisória n. 808/2017 jamais poderão ser concebidas como leis de natureza estatutária ou institucional referente a situações objetivas e cogentes em que a vontade dos agentes fosse neutra, já que o que se pretende é dar autonomia a vontade dos agentes sem observância às normas cogentes.

A Lei n. 13.467/2017 e a Medida Provisória n. 808/2017, sem a menor sombra de dúvida, estabelecem normativa direcionada a disciplina autônoma pelos próprios particulares relativas às situações individuais ou subjetivas, cujo conteúdo será individualmente determinado em cada contrato de trabalho em particular, conteúdo esse que poderá variar de um contrato individual de trabalho para outro, de um titular para o outro titular.

Nessa quadra, não há dúvida de que a Lei n. 13.467/2017 e a Medida Provisória n. 808/2017 se submetem às normas de sobredireito no que se refere a disciplina e a reverência que o legislador infraconstitucional no trato de direito privado deve ter com observância ao ato jurídico perfeito, ao direito adquirido e a coisa julgada, conforme determinado pelo inciso XXXVI do art. 5º da CF, não admitindo a aplicação imediata da lei nova sobre efeitos futuros do ato jurídico perfeito (contratos individuais de trabalho já constituídos), ou seja, não admitindo a retroatividade mínima ou mitigada da lei sobre contratos individuais do trabalho de natureza privada e derivados de ato da vontade.

Até porque, seria um contrassenso da própria Lei n. 13.467/2017 (*mens legis*), na medida que nela se pretende é que seja validado o ato de vontade (sobre o legislado), se pretender que a nova legislação (o legislado) prevaleça, justamente, sobre o ato de vontade original (ato jurídico perfeito).

IX

EXEMPLOS DA SITUAÇÃO DE LEI QUE DISCIPLINA RELAÇÕES INDIVIDUAIS PRIVADAS E DA LEI QUE DISCIPLINA SITUAÇÕES GERAIS, INSTITUCIONAIS OU ESTATUTÁRIAS = QUE NÃO ADMITEM QUE O NEGOCIADO PREVALEÇA SOBRE O LEGISLADO

1. DO CONTRATO DE TRABALHO COMO ATO JURÍDICO PERFEITO DERIVADO DE ATO DE VONTADE

O exemplo clássico das situações individuais é o contrato, por exemplo de locação, em que o conteúdo específico se modela pelo ato individual, assim como ocorre no contrato individual do trabalho.

E esse ato subjetivo individual (contrato) ao mesmo tempo que cria situação jurídica investe nela o indivíduo titular do direito. Por meio dele os sujeitos delineiam uma específica relação jurídica, com o empenho de suas vontades.

As situações individuais jamais se encontram em estado puro, são sempre mais ou menos mistas, pois, comportam elementos fixados por disposições gerais, a par dos aspectos individuais subjetivos oriundos do ato (contrato) que os criou.

O contrato é o mais típico ato gerador de situações subjetivas.

Nas situações subjetivas o ato criador delas *ipso facto* investe o sujeito nas situações que produziu.

Pelo contrato individual de trabalho são produzidas situações individuais de teor específico em cada relação. Não obstante, como qualquer contrato, está submisso a regras gerais que derivam da lei.

2. DO ATO CONDIÇÃO/REGRA QUE NÃO DECORRE E NÃO ENVOLVE ATO DE VONTADE

Já as situações objetivas cogentes de cunho puramente institucional se estendem de forma objetiva e cogente a número indeterminado de sujeitos e são derivadas puramente da lei, sendo neutra a vontade ou independente do ato de vontade do agente, bastando a figura de um evento denominado ato condição/ ato regra e são mutáveis segundo a alteração das regras jurídicas que as regulam.

Assim, as situações institucionais/estatutárias e gerais são produzidas por atos correspondentes, ou seja, atos que têm materialmente o alcance de criar disposições gerais e abstratas. Tais atos denominam-se atos-regra ou ato-condição.

No caso das situações institucionais/estatutárias a aplicação das situações gerais aos indivíduos depende da ocorrência de algum fato ou de algum ato distinto daquele que o gerou.

Assim, para que alguém seja incluído em uma situação geral cumpre que ocorra algum evento previsto como deflagrador das regras jurídicas que a compõem. Esse evento é que incorporará ao sujeito a situação geral. Tal evento pode ser um ato ou um fato.

Os atos que investem alguém em uma situação jurídica geral denomina-se ato/fato condição ou ato-regra. Consistem em condição para que se desencadeie o conjunto de direitos e deveres que perfazem a situação jurídica de alguém.

Por meio dos atos condição (evento/situação institucional/estatutária) não se cria direito novo – ao contrário do ato subjetivo; apenas, implementam-se o necessário a fim de que um quadro normativo já existente passe a vigorar em relação ao sujeito que nele se incluir.

O ato condição não cria situação subjetiva: tão só determina a incidência de uma situação geral e objetiva sobre alguém que destarte ingressa em regime comum aos demais indivíduos colhidos por essa situação geral.

Por exemplo, o ato-regra (ato condição) de aceitar cargo público acarreta a inserção do sujeito na situação geral de funcionário, situação que é a mesma para os funcionários em geral.

O ato-regra/condição de casar acarreta para os que se convertem em cônjuges suas inserções no correlato *status* jurídico de casado: na situação geral comum a todas as pessoas casadas, sujeitas a esse mesmo quadro de direitos e obrigações.

A inclusão de alguém em uma situação geral pode resultar também de um fato que operará como condição (ato/fato condição) para que se desencadeiem regras que a disciplinam.

Assim, o fato-regra/condição de uma pessoa receber determinado montante de renda faz com que se concretize para essa pessoa a situação – que é disciplinada de modo geral (de forma objetiva – independentemente da pessoa ou de sua vontade) – de contribuinte do imposto de renda.

O fato-regra/condição de um homem completar dezoito anos determina que ao sujeito a particularização da situação geral própria dos obrigados ao alistamento no serviço militar.

3. DO RESPEITO AO ATO JURÍDICO PERFEITO DERIVADO DO ATO DE VONTADE (CONTRATO) E DA POSSIBILIDADE DA APLICAÇÃO IMEDIATA DA LEI COM RETROATIVIDADE MITIGADA, APENAS, SOBRE AS SITUAÇÕES E CLAÚSULAS INSTITUCIONAIS

Desses exemplos e situações, constata-se a profunda diferença entre as situações gerais objetivas e cogentes e as situações subjetivas individuais.

Essa distinção é essencial para se compreender a diferença no que diz respeito à aplicação imediata da lei que disciplina situações gerais, objetivas e cogentes relacionadas a ato/fato-regra/condição investidor e a outra lei que disciplina situações jurídicas subjetivas e individuais relacionadas a contratos.

É intuitivo se perceber a possibilidade da aplicação imediata a lei de natureza institucional/estatutária sobre efeitos futuros do ato/fato-regra condição original, com uma retroatividade mínima ou mitigada, e, da impossibilidade da aplicação imediata da lei que diz respeito a situações subjetivas derivadas de contrato (como o contrato individual do trabalho).

Isto porque, não se pode pretender se opor à alteração das regras de imposto de renda para o novo período fiscal arguindo direito adquirido àquelas normas que vigiam à época em que se tornou contribuinte pela primeira vez.

Da mesma forma, não tem sentido se invocar direito adquirido para se opor ao alistamento militar sob a tese de inexistência de tal obrigatoriedade quando nascido.

Igualmente, não se pode invocar direito adquirido a permanecer casado sob o argumento de que quando casou não existia a lei do divórcio.

Nesse sentido, as leis novas ao cuidarem de situações institucionais têm aplicação imediata com relação aos indivíduos inclusos nas situações jurídicas gerais modificadas.

No oposto se passam as coisas no caso de situações jurídicas subjetivas individuais (contratos). Se alguém contrata com outrem a venda de um imóvel estabelecendo que os riscos são do comprador, cria-se uma situação jurídica imutável, de forma que o vendedor poderá invocar direito adquirido derivado do ato jurídico perfeito àquela cláusula se a lei posterior vier a estabelecer que os riscos devem ser suportados pelo vendedor e não pelo comprador como originalmente contratado.

X

Da Impossibilidade e Inconstitucionalidade da Aplicação Imediata sobre Efeitos Futuros de Contratos de Trabalho já Constituídos com Retroatividade Mínima da Lei n. 13.467/2017 e da Medida Provisória n. 808/2017

A POSSIBILIDADE DO NEGOCIADO PREVALECER SOBRE O LEGISLADO AFASTA QUALQUER POSSIBILIDADE DA LEI N. 13.467/2017 POSSUIR NATUREZA INSTITUCIONAL

1. DO RESPEITO AOS EFEITOS FUTUROS DERIVADOS DO ATO JURÍDICO PERFEITO E AO DIREITO ADQUIRIDO ORIUNDO DA CONTRATUALIDADE ORIGINAL, CONFORME ENTENDIMENTO DO PLENÁRIO DO SUPREMO TRIBUNAL FEDERAL

A finalidade da Lei n. 13.467/2017 e da Medida Provisória n. 808/2017 é atribuir um patamar especial à contratualidade, abrindo vazios na disciplina de diversas categorias e institutos jurídicos a serem preenchidos individualmente nas contratações entre os particulares.

Portanto, não há como se acolher a tese da aplicação da Lei n. 13.467/2017 e da Medida Provisória n. 808/2017 de forma imediata sobre os contratos de trabalho em curso, especialmente, quando, simplesmente, autoriza a negociação direta para disciplina de situações jurídicas já anteriormente contratadas no ato original da constituição do contrato de trabalho, sob pena de violação do ato jurídico perfeito e do direito adquirido garantidos pelo inciso XXXVI do art. 5º da Constituição Federal.

A aplicação imediata é que se dá sobre fatos presentes, atuais, não sobre fatos passados.

Nesse caso, deve-se observar que pode haver fatos atuais ou até futuros que constituem, simplesmente, efeitos de atos jurídicos perfeitos ocorridos no passado, particularmente, quando se cuida de relações de trato sucessivo, como é o caso dos contratos individuais do trabalho.

Vale repetir, existem fatos atuais ou futuros que são efeitos de atos jurídicos perfeitos ocorridos no passado.

Como foi visto antes, o Supremo Tribunal Federal na aplicação imediata da lei distingue situações individuais contratuais (contrato individual); de outras; das situações jurídicas gerais, abstratas de natureza cogente (situações institucionais/estatutárias (casamento/divórcio, serviço militar, regime tributário, regime do funcionalismo público).

No regramento jurídico de situações institucionais ou estatutárias, cujo conteúdo é necessária e exatamente o mesmo para todos os indivíduos que delas é titular, pois, o modelamento do conteúdo é determinado por disposição geral, pelo ato/fato condição o sujeito se investe, ingressa (ou adere) na situação geral desencadeando um conjunto de direitos e deveres, ou seja, pelo ato/fato condição (que não tem natureza contratual) implementa-se o necessário para que o quadro normativo já existente passe a vigorar em relação aos sujeitos que nele se vêm incluir.

O ato/fato condição não tem natureza contratual, posto que não cria direito novo e nem situação subjetiva como ocorre com o ato subjetivo contratual, tão somente, determina a incidência de uma situação objetiva e geral sobre alguém que ingressa em regime institucional ou estatutário comum aos demais indivíduos colhidos por esta situação geral.

Nessa situação jurídica de cunho puramente institucional ou estatutário que deriva da incidência do quadro normativo existente geral e aplicável de forma exatamente idêntica para todos os sujeitos que se investiram dele pelo ato condição (de natureza não contratual, mas, puramente, institucional), o modelo legal não se sujeita a contratação subjetiva e particularizada e individualizada por negociação entre os indivíduos.

Não teria o menor sentido pensar que o funcionário público pudesse negociar sua situação jurídica subjetiva individual e particular com o Estado para fixar para ele regras jurídicas ou contratuais distintas da norma geral que disciplina o regime do funcionalismo público, ou seja, para que no caso dele o negociado prevalecesse sobre o legislado, uma vez que a base jurídica que alicerça o seu vínculo jurídico com o Estado sob o regime jurídico objetivo, geral e cogente e impessoal é derivada do ato condição que é a investidura na função e tal ato condição ou ato regulamentar não tem, por óbvio, natureza contratual.

Noutros termos, a base jurídica que vincula o funcionário público ao Estado é o estatuto legal (institucional) enquanto que a base jurídica que vincula o empregado ao empregador não tem natureza institucional, mas, por óbvio, contratual.

Da mesma forma, noutra situação institucional/estatutária, não se poderia pensar que o contribuinte sujeito ao regime tributário legal pudesse negociar em particular com o Estado para estabelecer regras em que o negociado prevalecesse sobre o legislado.

E, ainda, noutra situação institucional, que o militar pudesse negociar individualmente com o Estado o modelo "contratual" do seu serviço militar.

Ou, mais noutra hipótese de situação institucional, que conjugues pudessem negociar e estabelecer a indissolubilidade matrimonial afastando a possibilidade da separação judicial ou do divórcio no seu modelo individual de regime de casamento.

Vale, reiterar, a característica mais típica das situações institucionais ou estatutárias é, justamente, por não ter base contratual ser impossível juridicamente se falar em que o negociado possa prevalecer sobre o legislado, em especial para contratualmente se individualizar e personalizar a disciplina jurídica de certas e determinadas categorias jurídicas pertencentes ao complexo de direitos e deveres estabelecidos no estatuto ou na lei de natureza institucional.

Então, repita-se, só por essa característica da Lei n. 13.467/2017 e da Medida Provisória n. 808/2017, ou seja, que estabelece a possibilidade do negociado prevalecer sobre o legislado fica, absolutamente, claro e indene de qualquer dúvida que as mesmas não têm natureza jurídica institucional ou estatutária, mas sim, que disciplinam regras de natureza contratual, individual e subjetiva. E, nessa circunstância, necessariamente, não podem ter aplicação imediata sobre regras contratuais já vigentes derivadas de contratos de trabalho já constituídos, sob pena de violação do ato jurídico perfeito e seus efeitos presentes e futuros, e, por consequência, do direito adquirido deles derivado.

Com efeito, a Lei n. 13.467/2017 e a Medida Provisória n. 808/2017 trazem a possibilidade do negociado prevalecer sobre o legislado, ou seja, que situações jurídicas subjetivas ou individuais sejam negociadas e tenha seu conteúdo específico moldado por ato de vontade dos contratantes ou pelo contrato, o que seria impossível em se tratando de situações de natureza institucional onde não há autonomia da vontade e sim, pura e simples, submissão as regras gerais, objetivas, impessoais e cogentes que derivam do estatuto jurídico legal, ou seja, seja nas situações institucionais em que o conteúdo do regime jurídico é institucional/estatutário não existe a menor possibilidade do negociado prevalecer sobre o legislado.

As situações subjetivas individuais são negociadas por ato de vontade subjetiva, pelo contrato, ainda, que em parte se submetam as regras gerais derivadas da lei, o conteúdo específico pode ser produzido pelos sujeitos contratantes, tal como ocorre com o contrato de locação, contrato de empréstimo/financiamento bancário para compra da casa própria, contrato de planos de saúde, contratos de previdência privada, contratos de consumo e contratos de trabalho. Ou seja, tais situações não envolvem situações institucionais ou estatutárias.

XI

O Forte Dirigismo Contratual em nada Altera a Essência Contratual – e não Institucional – do Contrato de Trabalho e a Exigência do Respeito ao Ato Jurídico Perfeito, Conforme Entendimento do Plenário do Supremo Tribunal Federal

Impende mencionar que o fato do contrato de trabalho, assim como os contratos de consumo, contratos de locação, contratos de plano de saúde, contratos de previdência privada, estarem subordinados a forte dirigismo contratual, que restringe a autonomia da vontade dos contratantes, em nada altera a essência contratual – e não institucional – desses vínculos jurídicos.

Nesse sentido, vale a pena transcrever parte do brilhante voto proferido pelo Ministro Moreira Alves, adotado no Acórdão do Plenário do Supremo Tribunal, em famoso *leading case* sobre matéria de direito intertemporal e o respeito aos efeitos futuros dos contratos de trato sucessivo, em julgamento da ADIN 493.0-DF:

> "De fato, apesar dessas características, é inegável que esses contratos, celebrados entre particulares, não podem caracterizar-se como contratos administrativos, e, portanto, de direito público, pela singela razão de que não estão presentes os elementos essenciais à existência de tais contratos, como, entre outros, a participação, como contratante, da Administração Pública com supremacia de Poder, de que resultam as denominadas cláusulas exorbitantes explícitas ou implícitas.
>
> Sendo as partes contratantes entes privados, colocados juridicamente em plano de igualdade, são contratos de direito privado, ainda, que de adesão, não lhe alterando essa natureza o dirigismo contratual imposto pela lei, para atender às necessidades econômico-financeiras."
>
> "Apesar de impostas pela lei certas cláusulas como obrigatórias num contrato, uma vez apostas a ele passam a integrá-lo como fruto da vontade inclusive da parte que a ele adere, e, consequentemente, daí resulta que esse contrato, como ato jurídico perfeito, tem os seus efeitos futuros postos a salvo de modificações que a lei nova faça

com relação a tais cláusulas, as quais <u>somente são imperativas para os contratos que vierem a celebrar-se depois de sua entrada em vigor</u>."

"É essa distinção que impõe às partes <u>contratantes a adoção de cláusulas contratuais imperativas. Nem por isso essas cláusulas deixam de integrar o contrato, que, com o ato jurídico perfeito, está a salvo das modificações posteriores</u> que outras leis venham impor na redação dessas cláusulas."

"<u>A norma constitucional impede a retroatividade da lei nova em face do ato jurídico perfeito, que, por não poder ser modificado retroativamente, tem seus efeitos futuros resguardados da aplicação dessa lei</u>."

Dessa forma, o ato jurídico perfeito (contrato original) seria violado pelos dispositivos da Lei n. 13.467/2017 (e ou da Medida Provisória n. 808/2017) que venham a alterar situações jurídicas e critérios contratuais já integrantes dos contratos de trabalho já celebrados antes da vigência da Lei n. 13.467/2017.

Por tudo, isso se percebe que a aplicação das inovações trazidas pela Lei n. 13.467/2017 sobre os contratos de trabalho em curso e já constituídos anteriormente a 11.11.2017, afronta a garantia constitucional de que a lei não retroagirá para atingir o ato jurídico perfeito (e do direito adquirido), modificando substancialmente as regras contratuais, a situação jurídica, os direitos e os critérios de cumprimento de direitos e deveres originalmente pactuados.

Os direitos adquiridos por consequência da lei ou do ato jurídico perfeito (contrato individual de trabalho) não podem ser violados ou modificados *in pejus* por novas regras contratuais, ainda que com autorização da lei nova, na medida que infirmem ou contrastem com a disciplina contratual fixada pelo ato jurídico perfeito ou com o direito adquirido daí decorrente, inclusive, relativamente aos efeitos futuros derivados do ato jurídico perfeito (contrato de trabalho), apesar da lei nova autorizar acordos anteriormente vedados pela lei antiga e pelo contrato de trabalho em curso (cujos efeitos futuros estão protegidos na medida que são mera projeção do ato jurídico perfeito em sendo de tratando de contratos de trato sucessivo ou de execução diferida).

Particularmente, quando a lei em referência (Lei n. 13.467/2017 e durante sua vigência a Medida Provisória n. 808/2017) inova profundamente o contrato porque estabelece novos padrões de direitos e deveres entre as partes, com alteração do originalmente pactuado.

XII

DA OBSERVÂNCIA DO VÍCIO OBJETIVO E SUBJETIVO DE VONTADE COM RELAÇÃO AOS CONTRATOS DE FORMA A IMPEDIR O ENRIQUECIMENTO DE UMA PARTE ÀS CUSTAS DO EMPOBRECIMENTO DA OUTRA COM QUEBRA DO EQUILÍBRIO SOCIAL, ECONÔMICO E FINANCEIRO

A possibilidade de se estipular por ato de vontade subjetiva das partes um regramento do funcionamento de determinada categoria jurídica só pode ter efeito e aplicação imediata para os novos contratos de trabalho que forem constituídos a partir da nova Lei n. 13.467//2017 e da Medida Provisória n. 808/2017, sob pena de se violar o ato jurídico perfeito original e o direito adquirido.

E, ainda que assim não fosse, sempre, caberia se estabelecer a vedação da alteração contratual prejudicial do ponto de vista objetivo e não apenas do ponto de vista subjetivo, até porque, modernamente, mesmo para o direito civil, a alteração contratual só será válida quando não quebrar o equilíbrio contratual original e oferecer contrapartida a impedir o enriquecimento sem causa de uma parte contratante e o empobrecimento da outra, o que será aferido de forma objetiva e não apenas subjetiva.

Nos termos do que dispõe o art. 9º da CLT e os arts. 157 e 158 do Código Civil e mesmo o art. 51 do Código de Defesa do Consumidor são consideradas nulas de pleno direito as cláusulas contratuais que estabeleçam obrigações consideradas iníquas, abusivas, que colocam o empregado em desvantagem e, que, por isso, são incompatíveis com a boa-fé ou a equidade, princípio inafastável do direito e processo do trabalho.

Até porque entendimento no sentido contrário significaria estar se aceitando que a Lei n. 13.467/2017, em violação ao princípio da isonomia (*caput* e inciso I do art. 5º da CF), da proteção da dignidade da pessoa humana (inciso III do art. 5º da CF) e da melhoria da condição social dos trabalhadores (*caput* o art. 7º da CF), estaria funcionado para desprestigiar o princípio da segurança jurídica e da proteção do ato jurídico perfeito e do direito adquirido (inciso XXXVI do art. 5º da CF) e causar um desequilíbrio contratual que importaria em assegurar ganhos reais ao empregador em detrimento do empregado não compatíveis com a real vontade que deu origem aos contratos individuais de trabalho constituídos anteriormente à Lei n. 13.467/2017 e a Medida Provisória n. 808/2017.

XIII

A Lei n. 13.467/2017 é uma Lei Esparsa que Disciplina Contratos Privados e Deverá se Integrar ao Microssistema da Consolidação das Leis do Trabalho, tanto é que vem Disciplinada com Artigos Ladeados de Letras do Alfabeto

1. A LEI N. 13.467/2017 É UMA LEI QUE PRETENDE DISCIPLINAR CONTRATOS INDIVIDUAIS DE TRABALHO COMPONDO RELAÇÕES DE TRABALHO DE NATUREZA PRIVADA

A Lei n. 13.467, de 13.07.2017, e mesmo durante o período de vigência da Medida Provisória n. 808/2017, a despeito de ser uma legislação esparsa – já não é um Código e nem uma Consolidação – introduziu diversas normas no bojo da Consolidação das Leis do Trabalho, inclusive, adotando ao lado da numeração decimal uma ordem alfabética.

Tanto é que a Lei n. 13.467/2017, somente, revogou dispositivos específicos da CLT, especificamente, mencionados no art. 5º. E a Medida Provisória n. 808/2017 revoga os dispositivos indicados no seu art. 3º.

Como toda e qualquer lei é fundamental entender o método de sua integração, interpretação e aplicação, ou seja, de sua inserção no sistema/ordenamento jurídico vigente que deverá observar as regras das normas (e sistemas) denominadas de superdireito ou sobredireito.

Entre as normas e sistemas de superdireito encontram-se a Constituição Federal, a Lei de Introdução às Normas do Direito Brasileiro, o Novo CPC (em especial a partir do art. 15 do NCPC), e, ainda, o próprio microssistema no qual será inserida a nova lei, no caso concreto, o microssistema (material e processual) laboral composto pela própria CLT.

Assim, a Lei n. 13.467/2017 e a Medida Provisória n. 808/2017 deve ser aplicada observando sua compatibilidade com o sistema de direito material e processual como um todo, a sua compatibilidade a Constituição Federal, com os

Tratados e Convenções Internacionais, com o microssistema material e processual que é constituído pela própria CLT, e, a sua aplicação imediata com observância e respeito ao ato jurídico perfeito, ao direito adquirido e a coisa julgada.

Nesse sentido é bom, mais uma vez, ressaltar que, conforme entendimento do Supremo Tribunal Federal, as leis que afetam os efeitos futuros de contratos celebrados anteriormente são retroativas (retroatividade mínima), afetando a causa, que é um fato ocorrido no passado, e, tal retroatividade mínima derivada da aplicação imediata da lei nova, somente, por acontecer em se tratando de leis que disciplinam situações institucionais ou estatutárias – entendidas as situações institucionais aquelas que têm como base um ato condição que não têm natureza contratual, ou seja, que não têm como causa original ou vínculo básico um contrato.

Isto porque, não existindo o ato jurídico perfeito (um ato de subjetivo de vontade ou um contrato) na inserção do sujeito na situação institucional (ou no complexo de direitos e deveres impessoais, objetivos e cogentes oriundos do estatuto legal) não se poderá objetar a existência do ato jurídico perfeito (e de direito adquirido) frente a aplicação imediata da lei nova.

E, também, conforme entendimento do Supremo Tribunal Federal, ocorre fenômeno jurídico oposto em se tratando de leis que disciplinam categorias jurídicas integrantes de um contrato, ou seja, de uma situação jurídica cuja base e vínculo original é o acordo subjetivo de vontades.

Isto porque, existindo o ato jurídico perfeito (um ato de subjetivo de vontade ou um contrato individual de trabalho) o vínculo contratual original é que fixa os direitos e deveres contratuais, e, nesse caso, se poderá objetar a existência do ato jurídico perfeito (e de direito adquirido) frente a aplicação imediata da lei nova em face dos efeitos futuros derivados da causa original originária dos contratos de trabalho de trato sucesso ou de execução diferida.

De fato, a Lei n. 13.467/2017 e a Medida Provisória n. 808/2017 não podem afetar os efeitos futuros de contratos celebrados anteriormente a elas, sob pena de ofensa ao inciso XXXVI do art. 5º da CF ao se configurar a retroatividade (mínima ou mitigada), afetando a causa, que é um fato ocorrido no passado, e, tal retroatividade mínima derivada da aplicação imediata da lei nova, somente, por acontecer em se tratando de leis que não disciplinam situações institucionais ou estatutárias – entendidas as situações institucionais aquelas que têm como base um ato condição que não tem natureza contratual, ou seja, que não tem como causa original ou vínculo básico um contrato.

XIV

Do *Leading Case*: a Decisão do Plenário do STF, em Voto do Ministro Moreira Alves, na ADIN 493-0-DF-TP, Conceituando o Ato Jurídico Perfeito e Garantindo os Efeitos Atuais e Futuros dos Contratos de Natureza Privada em Face da Lei Nova

1. DA ADIN 493-0-DF-TP

O Plenário do Supremo Tribunal Federal no julgamento da ADIN 493.0-DF estabeleceu a garantia do ato jurídico perfeito derivado das relações privadas, inclusive, no que diz respeito aos efeitos atuais e futuros dos contratos assinados antes da lei nova que a eles não afetaria, não infirmaria, não alteraria ou não modificaria tais efeitos programados ao tempo da assinatura do contrato, não admitindo nenhum tipo de "aplicação imediata" que importasse uma retroatividade, mesmo que mínima ou mitigada ao atingir os efeitos atuais e futuros dos contratos constituídos anteriormente a lei nova.

2. DA EMENTA DO ACÓRDÃO DA ADIN 493-0-DF-TP

Nesse sentido, vale a pena transcrever a ementa do julgamento da ADIN 493.0-DF:

> "Ementa: Ação direta de inconstitucionalidade.
>
> – Se a lei alcançar os efeitos futuros de contratos celebrados anteriormente a ela, será essa lei retroativa (retroatividade mínima) porque vai intervir na causa, que é um ato ou fato ocorrido no passado.
>
> – O disposto no art. 5º, XXXVI, da Constituição Federal se aplica a toda e qualquer lei infraconstitucional, sem qualquer distinção, entre lei de direito público e lei de direito privado, ou entre lei de ordem pública e lei dispositiva. Precedente do STF.
>
> – Ocorrência, no caso de violação de direito adquirido. A taxa referencial (TR) não é índice de correção monetária, pois, refletindo as variações do custo primário da captação

de depósitos a prazo fixo, não constitui índice que reflita a variação do poder aquisitivo da moeda. Por isso, não há necessidade de se examinar a questão a saber se as normas que alteram índice de correção monetária se aplicam imediatamente, alcançando prestações futuras de contratos celebrados no passado, sem violarem o disposto no art. 5º, XXXVI, da Carta Magna.

– **Também, ofendem o ato jurídico perfeito os dispositivos impugnados que alteram o critério de reajuste das prestações nos contratos já celebrados pelo sistema do Plano de Equivalência Salarial por Categoria Profissional (PES/CP).**

– Ação direta de inconstitucionalidade julgada procedente para declarar a inconstitucionalidade dos arts. 18, *caput* e §§ 1º e 4º, 20, 21 e parágrafo único; 23 e §§ e 24 e §§, todos da Lei n. 8.177, de 1.3.91"

3. DESTAQUES DO VOTO DO MINISTRO MOREIRA ALVES NO ACÓRDÃO DA ADIN 493-0-DF-TP

Ainda, do voto do Min. Moreira Alves no julgamento da ADIN 493.0-DF:

"Essas colocações são manifestamente equivocadas, pois <u>dúvida não há de que, se a lei alcançar os efeitos futuros dos contratos celebrados anteriormente a ela, será essa lei retroativa porque vai interferir na causa, que é um ato ou fato ocorrido no passado. Nesse caso, a aplicação imediata se faz, mas com efeito retroativo</u>."

"Por isso mesmo, o próprio Roubier (ob. Cit., n. 82, p. 415) não pode deixar de reconhecer que, se a lei nova infirmar cláusula estipulada no contrato, ela terá efeito retroativo, porquanto ainda que os efeitos produzidos anteriormente à lei nova não fossem atingidos, a retroatividade seria temperada no seu efeito, não deixando, porém, se ser verdadeira retroatividade."

"<u>Por outro lado, no direito brasileiro, a eficácia da Lei no tempo é disciplinada por norma constitucional</u>. Com efeito, figura entre as garantias constitucionais fundamentais a prevista no inciso XXXVI do artigo 5º da Constituição Federal: 'A lei não prejudicará o direito adquirido, o ato jurídico perfeito e a coisa julgada.'

"Esse preceito constitucional se aplica a toda e qualquer lei infraconstitucional, sem qualquer distinção entre lei de direito público e lei de direito privado, ou entre lei de ordem pública e lei dispositiva."

"Já na representação de inconstitucionalidade n. 1.451, salientei em voto que proferi como relator:

"Aliás, no Brasil, sendo o princípio do respeito ao direito adquirido, ao ato jurídico perfeito e à coisa julgada de natureza constitucional, sem qualquer exceção a qualquer espécie de legislação ordinária, não tem sentido a afirmação de muitos – apegados ao direito de países em que o preceito é de origem meramente legal – de que as leis de ordem pública <u>se aplicam de imediato, alcançando os efeitos futuros do ato jurídico perfeito ou da coisa julgada, e isso porque, se se alteram os efeitos, é óbvio que se está introduzindo modificação na causa, o que é vedado constitucionalmente."</u>

"E, ao apreciar o pedido liminar nesta ação direta, entendi que, no caso havia relevância jurídica, porque <u>no direito brasileiro, o princípio do respeito ao ato jurídico perfeito e ao direito adquirido é de natureza constitucional,</u> e não excepciona de sua observância por parte do legislador lei infraconstitucional de qualquer espécie, inclusive de ordem pública, ao contrário do que sucede em países como a França em que esse princípio é estabelecido em lei ordinária, e, consequentemente, não obriga o legislador..."

"Aliás, ainda nos países – como na França – em que o princípio da irretroatividade é meramente legal e se impõe ao juiz e não ao legislador, não é pacífica a tese de que as leis de ordem pública são retroativas."

"Se essas palavras são candentes de verdade em países onde o princípio da irretroatividade é meramente legal, não o serão nos em que <u>esse princípio está inserido na Constituição, entre as garantias fundamentais</u>?"

"Com efeito, quer no campo do direito privado, quer no campo do direito público, <u>a questão da aplicação da lei nova aos *facta pendentia* se revolve com a verificação da ocorrência, ou não, no caso, de direito adquirido, de ato jurídico perfeito ou de coisa julgada."</u>

"Por fim, há de salientar-se que as nossas Constituições, a partir de 1934, e com exceção de 1937, adotaram desenganadamente, em matéria de direito intertemporal, a teoria subjetiva dos direitos adquiridos e não a teoria objetiva da situação jurídica, que é a teoria de ROUBIER. Por isso mesmo, a Lei de Introdução ao Código Civil, de 1942, tendo em vista que a Constituição de 1937 não continha preceito da vedação da aplicação da lei nova em prejuízo do direito adquirido, do ato jurídico perfeito e da coisa julgada, modificando a anterior promulgada com o Código Civil, seguiu em parte a teoria de ROUBIER e admitiu que a lei nova, desde que expressa nesse sentido, pudesse retroagir. Com efeito, o art. 6º rezava: 'A lei em vigor terá efeito imediato e geral. Não atingirá, entretanto, salvo disposição expressa em contrário, as situações jurídicas definitivamente constituídas e a execução do ato jurídico perfeito'. Com o retorno, na Constituição de 1946, do princípio da irretroatividade no tocante ao direito adquirido, o texto da nova Lei de Introdução se tornou parcialmente incompatível com ela, razão por que a Lei n. 3.238/57 o alterou para reintroduzir nesse art. 6º a regra tradicional em nosso direito de que 'a lei em vigor terá efeito imediato e geral, respeitados o ato jurídico perfeito, o direito adquirido e a coisa julgada'. Como as soluções, em matéria de direito intertemporal, nem sempre são coincidentes, conforme a teoria adotada, e não sendo a que ora está vigente em nosso sistema jurídico a teoria objetiva de ROUBIER, é preciso ter cuidado com a utilização indiscriminada dos critérios por estes usados para resolver as diferentes questões de direito intertemporal."

"2. Fixados esses princípios, passo a examinar os dispositivos impugnados.

Dizem eles respeito, objetivamente, a contratos celebrados anteriormente à entrada em vigor da Medida Provisória n. 294, que foi publicada em 1º de fevereiro de 1991, e que veio a ser convertida na Lei n. 8.177, de 1º de março seguinte. E que alteram o modo de atualização do valor dos saldos devedores e das prestações, a partir de fevereiro de 1991, nesses contratos que são celebrados entre entidades integrantes dos sistemas financeiros de habitação e particulares.

Alega-se que essas alterações violam a garantia constitucional que a lei não prejudicará o ato jurídico perfeito."

"Também não tem maior valia a alegação de que os contratos imobiliários em causa teriam natureza 'biface', porque seriam contratos de natureza, em parte privada, e, em parte pública."

"...razão por que é esse contrato subordinado a forte dirigismo contratual, que restringe a autonomia da vontade dos contratantes."

"De fato, **apesar dessas características, é inegável que esses contratos, celebrados entre particulares, não podem caracterizar-se como contratos administrativos,** e, portanto, de direito público, pela singela razão de que não estão presentes os elementos essenciais à existência de tais contratos, como, entre outros, a participação, como contratante, da Administração Pública **com supremacia de Poder**, de que resultam as denominadas cláusulas exorbitantes explícitas ou implícitas.

Sendo as partes contratantes entes privados, colocados juridicamente em plano de igualdade, são contratos de direito privado, ainda, que de adesão, não lhe alterando essa natureza o dirigismo contratual imposto pela lei, para atender às necessidades econômico-financeiras."

"**Ademais, pouco importa que as normas impugnadas nesta ação sejam normas de ordem pública, tendo em vista o interesse público desse sistema, pois, como acentuei, exaustivamente, na parte inicial do voto, também, as normas de ordem pública e de direito público estão sujeitas à vedação** constitucional do artigo 5º, XXXVI, da Constituição Federal: 'a lei não prejudicará o direito adquirido, o ato jurídico perfeito e a coisa julgada.'"

"Apesar de impostas pela lei certas cláusulas como obrigatórias num contrato, uma vez apostas a ele passam a integrá-lo como fruto da vontade inclusive da parte que a ele adere, e, consequentemente, daí resulta que esse contrato, como ato jurídico perfeito, tem os seus efeitos futuros postos a salvo de modificações que a lei nova faça com relação a tais cláusulas, as quais somente são imperativas para os contratos que vierem a celebrar-se depois de sua entrada em vigor."

"...essa distinção que impõe às partes contratantes a adoção de cláusulas contratuais imperativas. Nem por isso essas cláusulas deixam de integrar o contrato, que, com o ato jurídico perfeito, está a salvo das modificações posteriores que outras leis de ordem pública venham impor na redação dessas cláusulas."

"Volto a repetir o que já demonstrei: a norma constitucional impede a retroatividade da lei nova em face do ato jurídico perfeito, que, por não poder ser modificado retroativamente, tem seus efeitos futuros resguardados da aplicação dessa lei."

"Assim sendo, são inconstitucionais, por ofensa ao disposto no artigo 5º, XXXVI, da Constituição Federal, os artigos ...cujos dispositivos correspondentes a esses perdem a eficácia dessa sua edição (art. 62, parágrafo único, da Constituição Federal) ..."

"4. Resta o exame da arguição de inconstitucionalidade, também, por ofensa ao artigo 5º, inciso XXXVI, da Constituição Federal do artigo 24..."

"Também aqui o ato jurídico perfeito é violado pelos dispositivos impugnados que, em última análise alteram o critério de reajuste das prestações dos contratos já celebrados pelo sistema do Plano de Equivalência Salarial por Categoria Profissional."

"Por tudo isso se percebe que as inovações trazidas pela Lei n. 8.177/91 afrontam a garantia constitucional de que a lei não retroagirá para atingir o ato jurídico perfeito, modificando substancialmente o critério de reajuste das prestações."

"O dispositivo em referência, portanto, inova profundamente o contrato porque estabelece novo critério de cálculo dos juros de cada prestação...e, ainda, com alteração do pactuado, determinando que essa parcela seja calculada também sobre as diferenças resultantes..."

"5. Em face do exposto, julgo procedente a presente ação direta, para declarar a inconstitucionalidade dos artigos..."

4. DO VOTO DO MINISTRO MOREIRA ALVES NO RE 226.855-7/RS

Ainda, merece destaque o voto do Min. Moreira Alves no julgamento do RE 226.855-7/RS:

"(...) É de repetir-se que a interpretação da Constituição não se faz com base no disposto em legislação infraconstitucional, pois, caso contrário, teríamos que esta legislação é que daria conteúdo à Constituição. E então, teríamos também que se a legislação infraconstitucional viesse a ser ab-rogada sem ser por substituição, o princípio constitucional da irretroatividade deixaria de ser aplicável, voltando a ser não autoaplicável. O que o art. 6º da Lei de Introdução ao Código Civil faz, com relação ao direito adquirido, é conceituá-lo com base na doutrina relativa a esse conceito, ou seja, **a de que o direito adquirido é o que se adquire em virtude da incidência da norma existente no tempo em que ocorreu o fato que, por esta, lhe dá nascimento em favor de alguém**, conceito esse que, para o efeito do disposto no art. 5º, XXXVI, da Constituição, só tem relevo em se tratando de aplicá-lo em relação jurídica em que se discute questão de direito intertemporal, **para se impedir, se for o caso, que a lei nova prejudique direito que se adquiriu com base na lei anterior**. O mesmo se dá com o direito adquirido sob condição ou o termo é inalterável ao arbítrio de outrem, requisito este indispensável para tê-lo como direito adquirido..."

"(...) Há grande diferença entre o Tribunal não admitir ofensa direta à Constituição quando se alega ofensa ao princípio da legalidade e a questão do direito adquirido. Com efeito, se o princípio da reserva legal total, ou seja, o de que ninguém está obrigado a fazer ou deixar de fazer senão em virtude de lei, der margem ao recurso extraordinário desde que se alegue que o direito infraconstitucional não foi aplicado ao caso concreto, colocaremos o Superior Tribunal de Justiça em disponibilidade remunerada, porque toda violação de direito infraconstitucional dará margem a recurso extraordinário para esta Corte. **Em se tratando de questão relativa a direito adquirido, é ela completamente diferente. O próprio Superior Tribunal de Justiça já chegou à conclusão de que, quando há alegação de direito adquirido, a questão é puramente constitucional,** pois não se pode interpretar a Constituição com base na lei, sendo certo que o art. 6º da Lei de Introdução ao Código Civil nada mais faz do que explicitar conceitos que são os da Constituição, dado que o nosso sistema de vedação da retroatividade é de cunho constitucional. **E para se aferir se há, ou não, direito adquirido violado pela lei nova, é preciso verificar se a aquisição dele se deu sob a vigência da lei antiga, não podendo, pois, ser ele prejudicado por aquela. A não ser que se faça esse confronto, jamais** teremos hipótese em que esta Corte possa fazer prevalecer a vedação constitucional da retroatividade. Foi o que sempre se fez com relação aos reajustamentos de vencimentos em face dos planos econômicos. O contrário não é consagrado na jurisprudência deste Tribunal."

5. DO VOTO DO MINISTRO MOREIRA ALVES NO RE 188.136

Ainda, do voto do Min. Moreira Alves no julgamento do RE 188.136:

> "Mensalidade escolar. Atualização com base em contrato. Em nosso sistema jurídico, a regra de que a lei nova não prejudicará o direito adquirido, o ato jurídico perfeito e a coisa julgada, por estar inserida no texto da Carta Magna (art. 5º, XXXVI), tem caráter constitucional, impedindo, portanto, que a legislação infraconstitucional, ainda quando de ordem pública, retroaja para alcançar o direito adquirido, o ato jurídico perfeito ou a coisa julgada, ou que o juiz a aplique retroativamente. E a retroação ocorre ainda quando se pretende aplicar de imediato a lei nova para alcançar os efeitos futuros de fatos passados que se consubstanciem em qualquer das referidas limitações, pois ainda nesse caso há retroatividade – a retroatividade mínima –, uma vez que se a causa do efeito é o direito adquirido, a coisa julgada, ou o ato jurídico perfeito, modificando-se seus efeitos por força da lei nova, altera-se essa causa que constitucionalmente é infensa a tal alteração. Essa orientação, que é firme nesta Corte, não foi observada pelo acórdão recorrido que determinou a aplicação das Leis ns. 8.030 e 8.039, ambas de 1990, aos efeitos posteriores a elas decorrentes de contrato celebrado em outubro de 1989, prejudicando, assim, ato jurídico perfeito. Recurso extraordinário conhecido e provido."

6. DO VOTO DO MINISTRO MOREIRA ALVES NO RE 205.999

Ainda, do voto do Min. Moreira Alves no julgamento do RE 205.999:

> "Compromisso de compra e venda. Rescisão. Alegação de ofensa ao art. 5º, XXXVI, da Constituição. Sendo constitucional o princípio de que lei não pode prejudicar o ato jurídico perfeito, ele se aplica também às leis de ordem pública. De outra parte, se a cláusula relativa a rescisão com a perda de todas as quantias já pagas constava do contrato celebrado anteriormente ao Código de Defesa do Consumidor, ainda quando a rescisão tenha ocorrido após a entrada em

vigor deste, a aplicação dele para se declarar nula a rescisão feita de acordo com aquela cláusula fere, sem dúvida alguma, o ato jurídico perfeito, porquanto a modificação dos efeitos futuros de ato jurídico perfeito caracteriza a hipótese de retroatividade mínima que também é alcançada pelo disposto no art. 5º, XXXVI, da Carta Magna. Recurso extraordinário conhecido e provido."

XV

DA DECISÃO DO PLENÁRIO DO STF, EM VOTO DO MINISTRO TEORI ZAVASCKI, NO RE 21.2609-SP

1. DA DISTINÇÃO ENTRE CONTRATOS PRIVADOS (ATO JURÍDICO PERFEITO) E LEIS QUE DISCIPLINAM SITUAÇÕES INSTITUCIONAIS OU ESTATUTÁRIAS

O Plenário do Supremo Tribunal Federal no julgamento do RE 21.2609-SP, estabeleceu a distinção entre a garantia do ato jurídico perfeito derivado das relações privadas (inclusive, no que diz respeito aos efeitos atuais e futuros dos contratos constituídos antes da lei nova que a eles não afetaria, infirmaria, alteraria ou modificaria tais efeitos programados ao tempo da assinatura do contrato, com outra situação jurídica, que diz respeito a mudança de um estatuto ou de uma lei institucional, *v.g.* o Plano Real, aplicável de forma inderrogável e indistintamente a toda sociedade que teria aplicação imediata ainda que importasse em uma retroatividade mínima ou mitigada ao atingir os efeitos atuais e futuros dos contratos.

Nesse sentido, outra vez, vale a pena transcrever a ementa do julgamento do Pleno do STF no RE 21.2609-SP:

> "RE 212609 / SP – SÃO PAULO
>
> "RECURSO EXTRAORDINÁRIO
> Relator(a): Min. CARLOS VELLOSO
> Relator(a) p/ Acórdão: Min. TEORI ZAVASCKI
> Julgamento: 29/04/2015
>
> Órgão Julgador: Tribunal Pleno
>
> Publicação
>
> DJe-153 DIVULG 04-08-2015 PUBLIC 05-08-2015
>
> EMENT VOL-03993-01 PP-00001
>
> Parte(s)
>
> RECTE.(S) : WILLIAM SALEM E CÔNJUGE
>
> ADVDOS. : ROBERTO ROSAS E OUTROS
>
> RECDO.(A/S) : TNT BRASIL S/A
>
> ADVDOS. : FÁBIO REZENDE SCARTON COUTINHO E OUTROS

Ementa

CONSTITUCIONAL E ECONÔMICO. SISTEMA MONETÁRIO. PLANO REAL. NORMAS DE TRANSPOSIÇÃO DAS OBRIGAÇÕES MONETÁRIAS ANTERIORES. INCIDÊNCIA IMEDIATA, INCLUSIVE SOBRE CONTRATOS EM CURSO DE EXECUÇÃO. ART. 21 DA MP 542/94. INEXISTÊNCIA DE DIREITO ADQUIRIDO À MANUTENÇÃO DOS TERMOS ORIGINAIS DAS CLÁUSULAS DE CORREÇÃO MONETÁRIA. **1. A aplicação da cláusula constitucional que assegura, em face da lei nova, a preservação do direito adquirido e do ato jurídico perfeito (CF, art. 5º, XXXVI) impõe distinguir duas diferentes espécies de situações jurídicas: (a) as situações jurídicas individuais, que são formadas por ato de vontade (especialmente os contratos), cuja celebração, quando legítima, já lhes outorga a condição de ato jurídico perfeito, inibindo, desde então, a incidência de modificações legislativas supervenientes; e (b) as situações jurídicas institucionais ou estatutárias, que são formadas segundo normas gerais e abstratas, de natureza cogente, em cujo âmbito os direitos somente podem ser considerados adquiridos quando inteiramente formado o suporte fático previsto na lei como necessário à sua incidência.** Nessas situações, as normas supervenientes, embora não comportem aplicação retroativa, podem ter aplicação imediata. 2. Segundo reiterada jurisprudência do Supremo Tribunal Federal, as normas que tratam do regime monetário – inclusive, portanto, as de correção monetária -, têm natureza institucional e estatutária, insuscetíveis de disposição por ato de vontade, razão pela qual sua incidência é imediata, alcançando as situações jurídicas em curso de formação ou de execução. É irrelevante, para esse efeito, que a cláusula estatutária esteja reproduzida em ato negocial (contrato), eis que essa não é circunstância juridicamente apta a modificar a sua natureza. 3. As disposições do art. 21 da Lei n. 9.069/95, resultante da conversão da MP 542/94, formam um dos mais importantes conjuntos de preceitos normativos do Plano REAL, um dos seus pilares essenciais, justamente o que fixa os critérios para a transposição das obrigações monetárias, inclusive contratuais, do antigo para o novo sistema monetário. São, portanto, preceitos de ordem pública e seu conteúdo, por não ser suscetível de disposição por atos de vontade, têm natureza estatutária, vinculando de forma necessariamente semelhante a todos os destinatários. Dada essa natureza institucional (estatutária), não há inconstitucionalidade na sua aplicação imediata (que não se confunde com aplicação retroativa) para disciplinar as cláusulas de correção monetária de contratos em curso. 4. Recurso extraordinário a que se nega provimento.

Decisão. Retirado de pauta por ter sido incluído indevidamente. 2a. Turma, 16.06.98. Decisão: Depois do voto do Ministro Carlos Velloso (Relator), que conhece e dá provimento ao recurso extraordinário, o julgamento foi suspenso em virtude do pedido de vista formulado pelo Ministro Nelson Jobim. Falou pela recorrida o Dr. Fábio Rezende Scarton Coutinho. Plenário, 24.6.98. Decisão: Renovado o pedido de vista do Senhor Ministro Nelson Jobim, justificadamente, nos termos do § 1º do artigo 1º da Resolução n. 278, de 15 de dezembro de 2003. Presidência do Senhor Ministro Maurício Corrêa. Plenário, 28.04.2004. Decisão: Após o voto do Presidente, Ministro Nelson Jobim, negando provimento ao recurso, pediu vista dos autos o Senhor Ministro Marco Aurélio. Não participa da votação o Senhor Ministro Ricardo Lewandowski, por suceder ao Senhor Ministro Carlos Velloso, Relator. Ausentes, justificadamente, o Senhor Ministro Celso de Mello e, neste julgamento, a Senhora Ministra Ellen Gracie. Plenário, 29.03.2006. Decisão: Após o voto-vista do Ministro Marco Aurélio (Relator), dando provimento ao recurso extraordinário, pediu vista dos autos o Ministro Teori Zavascki. Não participam da votação os Ministros Ricardo Lewandowski e Cármen Lúcia, por sucederem, respectivamente, aos Ministros Carlos Velloso (Relator) e Nelson Jobim. Ausentes, nesta assentada, os Ministros Dias Toffoli e Roberto Barroso. Presidência do Ministro Ricardo Lewandowski. Plenário, 16.04.2015. Decisão: O Tribunal, por maioria, negou provimento ao recurso extraordinário, vencidos os Ministros Carlos Velloso (Relator) e Marco Aurélio. Redigirá o acórdão o Ministro Teori Zavascki. Não votaram os Ministros Ricardo Lewandowski (Presidente) e Cármen Lúcia por sucederem, respectivamente, aos Ministros Carlos Velloso e Nelson Jobim. Ausente, neste julgamento, o Ministro Gilmar Mendes. Presidiu o julgamento o Ministro Ricardo Lewandowski. Plenário, 29.04.2015."

XVI

Do Interessante Descabimento do Recurso Extraordinário para Discussão do Inciso XXXVI do art. 5º da CF – Face a Aparente Inexistência de Repercussão Geral no Caso *Sub-Examine*, Conforme Definido nos Temas 660 e 662 do Ementário Temático de Repercussão Geral do C. STF

– DA INADMISSIBILIDADE DO RECURSO EXTRAORDINÁRIO, CONFORME DEFINIDO NO "TEMA 660" E "TEMA 662" DO EMENTÁRIO TEMÁTICO DE REPERCUSSÃO GERAL DO C. STF

– UMA VEZ QUE O <u>JULGAMENTO DA CAUSA DEPENDERIA DE PRÉVIA ANÁLISE DA ADEQUADA APLICAÇÃO INTERTEMPORAL DE NORMAS INFRACONSTITUCIONAIS</u>

– RESOLUÇÃO DA DISCUSSÃO A RESPEITO DA VIOLAÇÃO DO ATO JURÍDICO PERFEITO E DO DIREITO ADQUIRIDO SE DARIA EM SEDE DO TRIBUNAL SUPERIOR DO TRABALHO

Cumpre mencionar que o Supremo Tribunal Federal firmou entendimento da ausência de repercussão geral para o exame da violação do inciso XXXVI do art. 5º da CF quando tal definição depender da comparação e análise adequada da aplicação de normas infraconstitucionais, como será o caso do exame da aplicação intertemporal da Lei n. 13.467/2017 e da Medida Provisória n. 808/2017.

Esse entendimento foi consagrado no julgamento do ARE-748.371, da relatoria do Min. Gilmar Mendes, no qual a Corte Suprema firmou a tese de que, nesse caso, não há repercussão geral: "Tema 660" do ementário temático de Repercussão Geral do STF.

A despeito de no próprio ARE 748.371 RG/MT ter se deixado uma válvula de escape para situações excepcionais em que o tema possua densidade constitucional, como casos em que a decisão recorrida contenha manifesto esvaziamento do princípio, se abriria o acesso a jurisdição do STF.

De forma análoga, também, é o entendimento consagrado no Tema 662 do ementário temático de Repercussão Geral do STF que afastou a repercussão geral da discussão de direito adquirido ao recebimento de complementação de aposentadoria calculada de acordo com as normas vigentes à época de adesão ao plano de previdência privada.

PARTE II

COMENTÁRIOS ESPECÍFICOS DOS ARTIGOS DA LEI N. 13.467/2017 E DA MEDIDA PROVISÓRIA N. 808/2017 REFERENTES AO DIREITO MATERIAL E CONTRATOS

I

Do Grupo Econômico

Dispõem os §§ 2º e 3º do art. 2º da CLT (com a redação dada pela Lei n. 13.467/2017):

"Art. 2º ....

....

§ 2º Sempre que uma ou mais empresas, tendo, embora, cada uma delas, personalidade jurídica própria, estiverem sob a direção, controle ou administração de outra, ou ainda quando, mesmo guardando cada uma sua autonomia, integrem grupo econômico, serão responsáveis solidariamente pelas obrigações decorrentes da relação de emprego.

§ 3º Não caracteriza grupo econômico a mera identidade de sócios, sendo necessárias, para a configuração do grupo, a demonstração do interesse integrado, a efetiva comunhão de interesses e a atuação conjunta das empresas dele integrantes. " (NR)

COMENTÁRIOS

1º PONTO: Do direito intertemporal

Não se pode impor uma lei nova que altere as regras da responsabilidade patrimonial programada pela lei vigente ao tempo do contrato de trabalho e mesmo da propositura da ação, ou seja, que subtraia bens à responsabilidade patrimonial ou que dificultem a prova da responsabilidades patrimonial de sócios ou grupo econômico anteriormente prevista pela lei velha e pela jurisprudência ao tempo do contrato de trabalho e mesmo da propositura da demanda, uma vez que se comprometeria fatalmente o direito material e o próprio direito de acesso à justiça no caso concreto gerando o cancelamento de direitos substanciais da parte: direitos adquiridos e protegidos constitucionalmente (inciso XXXVI do art. 5º da CF), e, ainda, atingiria o próprio direito de ação garantido pelo inciso XXXV do art. 5º da CF.

2º PONTO: Da fusão do grupo econômico hierárquico e do grupo econômico por coordenação

O novo § 2º do art. 2º da CLT fez a fusão da disciplina do grupo econômico previsto pela CLT e pela lei do trabalho rural (§ 2º do art. 3º da Lei n. 5.889/73) já consagrada pela jurisprudência.

Dessa forma, o novo § 2º do art. 2º da CLT consolidou os dois tipos de configuração de grupo econômico que a doutrina e a jurisprudência trabalhista já definiam para sua configuração.

Na primeira parte do § 2º do art. 2º da CLT se estabelece o grupo hierarquizado ("embora, cada uma delas, personalidade jurídica própria, estiverem sob a direção, controle ou administração de outra").

E, na segunda parte do § 2º do art. 2º da CLT se estabelece o grupo econômico por coordenação ou estrutural ("ou ainda quando, mesmo guardando cada uma sua autonomia, integrem grupo econômico, serão responsáveis solidariamente pelas obrigações decorrentes da relação de emprego.")

3º PONTO: Da possibilidade da nova figura do grupo por interesse integrado

O § 3º do art. 2º da CLT ("Não caracteriza grupo econômico a mera identidade de sócios, sendo necessárias, para a configuração do grupo, a demonstração do interesse integrado, a efetiva comunhão de interesses e a atuação conjunta das empresas dele integrantes") possibilita a interpretação da responsabilidade patrimonial do franqueador junto ao franqueado no que diz respeito à responsabilidade pelos créditos/débitos trabalhistas, alterando o atual entendimento jurisprudencial.

Isto porque, pelo § 3º do art. 2º da CLT para a configuração do grupo econômico basta a demonstração do interesse integrado, a efetiva comunhão de interesses e atuação conjunta das empresas dele integrantes, sendo que esses elementos caracterizadores do grupo por interesse integrado são passíveis de ser vislumbrados no caso de franquia, tal como ocorre no direito do consumidor.

Além disso, deixa aberta a caracterização do grupo econômico por interesse integrado em qualquer outra situação.

4º PONTO: Da prova

a) O § 3º do art. 2º da CLT ("Não caracteriza grupo econômico a mera identidade de sócios, sendo necessárias, para a configuração do grupo, a demonstração do interesse integrado, a efetiva comunhão de interesses e a atuação conjunta das empresas dele integrantes") no que diz respeito ao tipo de prova é inaplicável aos processos pendentes tendo em vista que cuida de três temas de normas de caráter dúplice, bifronte ou de direito processual material, ou seja, da responsabilidade patrimonial, da prova e do ônus da prova.

II

Tempo à Disposição

Dispõem os §§ 1º e 2º do art. 4º da CLT (com a redação dada pela Lei n. 13.467/2017):

"Art. 4º ....

§ 1º Computar-se-ão, na contagem de tempo de serviço, para efeito de indenização e estabilidade, os períodos em que o empregado estiver afastado do trabalho prestando serviço militar e por motivo de acidente do trabalho.

§ 2º Por não se considerar tempo à disposição do empregador, não será computado como período extraordinário o que exceder a jornada normal, ainda que ultrapasse o limite de cinco minutos previsto no § 1º do art. 58 desta Consolidação, quando o empregado, por escolha própria, buscar proteção pessoal, em caso de insegurança nas vias públicas ou más condições climáticas, bem como adentrar ou permanecer nas dependências da empresa para exercer atividades particulares, entre outras:

I – práticas religiosas;

II – descanso;

III – lazer;

IV – estudo;

V – alimentação;

VI – atividades de relacionamento social;

VII – higiene pessoal;

VIII – troca de roupa ou uniforme, quando não houver obrigatoriedade de realizar a troca na empresa." (NR)

COMENTÁRIOS

1º PONTO: Do direito intertemporal

Nos termos do que dispõe o art. 442 da CLT, "*o contrato individual de trabalho é o acordo tácito ou expresso, correspondente à relação de emprego*", ou seja, o ato jurídico perfeito, no caso do contrato de trabalho, pode ser tácito ou expresso desde que presente a relação de emprego.

Aspectos de Direito Material – 75

Dessa forma, a perfeição do ato se dá no momento de sua constituição. E, como consequência, os efeitos do contrato em curso no dia da mudança da legislação regulam-se pelas normas contratuais (ato jurídico perfeito) e legais (direito adquirido) da época da constituição do contrato, o que, inclusive, garante a manutenção do equilíbrio inicial do contrato e dos legítimos interesses e direitos das partes integrantes do contrato à aplicação da lei vigente quando da constituição do contrato.

Isto garante a força da manutenção de direitos e obrigações frente a leis supervenientes que a eles se contraponham.

Isto porque, na execução do contrato de trato sucessivo é essencial se resguardar os interesses que foram a causa da sua constituição.

2º PONTO: Da dificuldade operacional na prática

Cabe registrar a dificuldade operacional do registro ou do tratamento dessas situações no controle de ponto eletrônico.

3º PONTO: Higiene pessoal e troca de roupa/uniforme

A exclusão do tempo que o empregado leva para realizar sua higiene pessoal (inciso VII) e trocar de roupa no local de trabalho (inciso VIII) do tempo à disposição do empregador, viola a dignidade da pessoa humana (inciso III do art. 1º da CF) e de proteção, saúde e higiene inerentes ao trabalho (inciso XXII do art. 7º da CF).

Com efeito, admitir que o empregado não pode fazer no tempo de trabalho a sua higiene pessoal é o máximo da desumanização e da "mercadorização" do trabalhador, tratando-o como um item de mercadoria que é descartado automaticamente quando não interessa mais seu aproveitamento.

Basta pensar, dentre outras, em atividades como do minerador, do lixeiro, do açougueiro, do enfermeiro etc., cuja situação de falta de condições adequadas de higiene é inerente à atividade.

Da mesma forma, não computar no tempo de trabalho o período de trocar de roupa ou uniforme (ainda que não se exija a troca na empresa) em trabalhos como o de garçom, babá, empregada doméstica, vigilantes é antinjurído e antiético, posto que obriga o empregado a chegar e sair uniformizado como se não houvesse distinção do trabalho e da pessoa que ele é, trata-se de regra manifestamente abusiva e demasiada despótica para ser vivida como direito.

III

DA RESPONSABILIDADE PATRIMONIAL (ART. 10-A DA CLT)

Dispõem o *caput* e incisos do art. 10-A da CLT (com a redação dada pela Lei n. 13.467/2017):

"Art. 10-A. O sócio retirante responde subsidiariamente pelas obrigações trabalhistas da sociedade relativas ao período em que figurou como sócio, somente em ações ajuizadas até dois anos depois de averbada a modificação do contrato, observada a seguinte ordem de preferência:

Parágrafo único. O sócio retirante responderá solidariamente com os demais quando ficar comprovada fraude na alteração societária decorrente da modificação do contrato."

COMENTÁRIOS

1º PONTO: Do direito intertemporal

Nos termos do que dispõe o inciso XXXVI do art. 5º da CF, a lei material e processual tem eficácia imediata a partir da sua vigência, respeitado o ato jurídico perfeito, o direito adquirido e a coisa julgada.

Nesse sentido, a lei nova não retroage e seu efeito imediato não atinge os fatos anteriores e nem os efeitos desse fato, de forma a respeitar o ato jurídico perfeito e o direito adquirido.

A despeito do efeito imediato, a atuação das leis encontra limite no ato jurídico perfeito e no direito adquirido. E os contratos (atos jurídicos prefeitos) geram efeitos futuros e direitos adquiridos e consequências (situações de vantagem e desvantagem), que proíbe alterações prejudiciais pela lei nova.

Os contratos que ao serem constituídos se caracterizam como ato jurídico perfeito, contêm regras que geram efeitos futuros e consequências que, em particular quando derivadas da lei, tendo entrado para o patrimônio do sujeito, se caracterizam como direito adquirido.

Logo, no que toca a alterações contratuais que digam respeito aos contratos já firmados antes da Lei n. 13.467/2017, particularmente, que digam respeito a responsabilidade patrimonial, em respeito ao inciso XXXVI do art. 5º da CF

não são aplicáveis aos contratos já constituídos, já que lei aplicável aos contratos anteriormente constituídos é a antiga e não a nova, e, a lei nova não pode atingir e infirmar o ato jurídico perfeito.

2º PONTO: Da irresponsabilidade patrimonial e social dos sócios diante dos sucessivos processos de reengenharia societária das empresas camaleônicas na sociedade pós-moderna

Destaque-se que, atualmente, são tantos os mecanismos e instrumentos utilizados pela pós-moderna reengenharia societária das empresas, com incessantes fusões, aquisições, cisões, alterações, diferentes modelos societários com uma infinidade de empresas e sócios (pessoas jurídicas e físicas) interpostas que se pode falar do modelo societário *Houdini* – ou de empresas camaleônicas – que os sócios atuais e retirantes nunca são alcançados ou encontrados depois de algum tempo. Até porque, hoje em dia, o controle societário das empresas é estabelecido por acionistas impacientes oriundos de enormes fundos ou bancos para os quais a mudança que agita o mercado de ações dá mais lucro e é mais rápida do que desenvolver a atividade empresarial.

3º PONTO: Com relação aos processos pendentes

Não se pode impor uma lei nova que altere as regras da responsabilidade programadas pela lei vigente ao tempo da propositura da ação, ou seja, que subtraia bens à responsabilidade patrimonial, excluindo, restringindo ou eliminando a responsabilidade patrimonial de sócios atuais ou retirantes, anteriormente, prevista pela lei velha e pela jurisprudência ao tempo da propositura da demanda, uma vez que se comprometeria fatalmente o direito de acesso à justiça no caso concreto gerando o cancelamento de direitos substanciais da parte.[7]

Nesse sentido, a exclusão da responsabilidade patrimonial e os bens a proporcionar à satisfação da tutela jurisdicional no que diz respeito aos processos pendentes por conta da distinta disciplina fixada da lei nova importa exclusão da própria tutela jurisdicional, e, por isso, representa ultraje e violação à garantia constitucional outorgada pelos incisos XXXV e XXXVI do art. 5º da CF (sempre que não seja possível atingir o patrimônio para satisfazer a tutela jurisdicional por conta da nova disciplina da responsabilidade patrimonial).[8]

---

(7) DINAMARCO, Instituições...*op. Cit.*, p. 189.
(8) DINAMARCO, Instituições...*op. Cit.*, p. 191.

4º PONTO: Com relação aos novos processos = a questão da fraude trabalhista

A concepção de fraude, abuso de direito, ato ilícito e/ou infração à lei para o direito material e processual do trabalho se dá pela mera ocorrência do inadimplemento ou da falta de pagamento de direitos trabalhistas, concepção absolutamente diferenciada e oposta ao adotado pelo direito civil, com exceção do direito do consumidor que é igual (e foi copiada) a do direito do trabalho, no qual se entende por inadimplemento, infração à lei ou qualquer ato que possa obstar a realização do direito do consumidor/trabalhador (art. 28 do CDC).

Portanto, é bom que se diga, que é necessária a apreciação diferenciada que é feita pelos dois sistemas, até porque o direito do trabalho encontrou uma solução e um conceito singular de empresa/empregador próprio aos valores do sistema laboral ao fazer uma simbiose particular da figura (e do patrimônio presente e futuro) da pessoa física do empresário com a pessoa jurídica ao tratar do empregador, ou, a empresa como empregador, o que não existe no âmbito do direito comum, salvo ao que parece para o direito do consumidor.

No direito do trabalho por conta do conceito de empregador que é a empresa (em conformidade com o art. 2º da CLT), somado aos princípios da continuidade do contrato de trabalho, da permanência da empresa e da garantia do crédito trabalhista (arts. 10 e 448 da CLT) ocorre uma despersonificação da personalidade da pessoa jurídica e, simultaneamente, a personalização reversa (do patrimônio e) da pessoa natural dos sócios, que prevalece sobre o novo art. 10-A da CLT diante da incompatibilidade com a premissa e diretriz fundamental da Consolidação.

E, por força do art. 789 do CPC/2015 o devedor responde com todos os seus bens presentes e futuros para o cumprimento de suas obrigações, salvo as restrições estabelecidas em lei. E os bens presentes – que garantem a obrigação – são aqueles existentes no momento da obrigação.

Portanto, os bens presentes que garantem o contrato de trabalho são todos os bens do empregador, esse considerado (como empresa) na sua dupla dimensão que envolve o complexo de bens da pessoa jurídica e das pessoas físicas que sejam seus sócios ao tempo da obrigação, ou seja, ao tempo do contrato de trabalho.

Logo, o princípio da continuidade do contrato de trabalho e da permanência da empresa e da garantia dos créditos e direitos trabalhistas fixado nos artigos 10 e 448 da CLT c/c o art. 2º da CLT e o art. 789 do NCPC (e do *caput* e o § 5º do art. 28 do CDC), deixam claro que a alteração dos sócios, – e por consequência da estrutura jurídica e propriedade da empresa – não afetará a garantia que o contrato de trabalho tem em face dos bens presentes da empresa – certamente, incluindo aqueles bens dos sócios atuais e daqueles presentes (garantidores da obrigação) ao tempo que se desenvolveu a relação empregatícia.

Em síntese, não há obstáculo para a execução trabalhista por conta das regras e princípios extraídos e fixados a partir do microssistema processual e material laboral (com aplicação subsidiária e supletiva dos demais ramos do direito) em se redirecionar a execução trabalhista a partir da desconsideração da personalidade jurídica contra sócio atual, nem contra o sócio retirante que era sócio ou administrador de empresa ao tempo do contrato de trabalho, caso se constate o descumprimento da legislação trabalhista e o inadimplemento dos direitos laborais pelo sujeito que era sócio (depois retirante) ao tempo da propositura da reclamação trabalhista.

5º PONTO: Os arts. 10-A e 448-A de certa forma reestabelecem a Súmula n. 205 do TST, o que faz com que seja necessário para preservar a responsabilidade patrimonial e o resultado útil do processo que se chame ao processo todas as empresas e sócios do grupo econômico para que figurem no processo de conhecimento e figurem no título executivo

– Com relação aos novos processos = a vacina ou o antídoto à regra da irresponsabilidade social = o art. 134 do CPC/2015 e o art. 6º da Instrução Normativa n. 39/2016 do TST.

Determina, pois, o § 2º do art. 134 do CPC/2015, que a instauração do incidente suspende o processo no que concerne ao sócio citado ou incluído na lide, quer seja, na fase de conhecimento, quer seja na fase de execução.

Não haverá suspensão do processo, no entanto, na hipótese do sócio já ser chamado, desde logo, *ab initio*, para integrar à lide na fase de conhecimento, com o pedido de sua citação já na petição inicial (parte final do § 3º do art. 134 do CPC/2015).

Desse modo, por força de disposição expressa contida no artigo 134, § 2º do CPC/2015 e do inciso I do § 1º do art. 6º da Instrução Normativa, que autorizam o chamamento dos sócios responsáveis patrimoniais já na fase de conhecimento, se tal for requerido pela parte, tornando prejudicada a necessidade da instauração do incidente de desconsideração da personalidade jurídica quando na fase de execução, e, ainda, garante a estabilidade da segurança patrimonial advinda da responsabilidade patrimonial dos sócios a partir da citação.

Portanto, o art. 134 do CPC/2015 é a vacina ou o antídoto ao programa de irresponsabilidade estabelecido pelo art. 10-A (e do art. 448-A) da CLT, se adotado na fase de conhecimento, sendo extremamente benéfico ao credor, posto que garante ao credor a estabilidade da segurança patrimonial advinda da responsabilidade patrimonial dos sócios a partir da citação, visto que a fraude à execução nessa hipótese poderá ficar prejudicada sem a mesma, nos termos do que estabelece o § 3º do art. 792 do CPC/2015 ("nos casos de desconsideração da personalidade jurídica a fraude à execução verificar-se a partir da citação da parte cuja personalidade se pretende desconsiderar"), **além de evitar discussões protelatórias, na fase de execução, a respeito da responsabilidade patrimonial do sócio retirante** – ou da aplicação – compatibilidade, ou não, ou mesmo do modo de interpretação dos arts. 50, 1003 e 1032 do CCB e do art. 10-A e 448-A da CLT com os acréscimos da Lei n. 13.467/2017 – **cujos bens garantiam o direito dos empregados ao tempo do contrato de trabalho ou da obrigação, independentemente da responsabilidade** *a posteriori* **dos sócios futuros e empresas do grupo econômico, e, ainda, torna desnecessário o próprio incidente de desconsideração na fase de execução com suspensão do processo.**

IV

DA PRESCRIÇÃO E PRESCRIÇÃO INTERCORRENTE (ARTS. 11 E 11-A DA CLT)

Dispõem o *caput* e incisos do art. 11 da CLT (com a redação dada pela Lei n. 13.467/2017):

> "Art. 11. A pretensão quanto a créditos resultantes das relações de trabalho prescreve em cinco anos para os trabalhadores urbanos e rurais, até o limite de dois anos após a extinção do contrato de trabalho.
>
> I – (revogado);
>
> II – (revogado).
>
> ....
>
> § 2º Tratando-se de pretensão que envolva pedido de prestações sucessivas decorrente de alteração ou descumprimento do pactuado, a prescrição é total, exceto quando o direito à parcela esteja também assegurado por preceito de lei.
>
> § 3º A interrupção da prescrição somente ocorrerá pelo ajuizamento de reclamação trabalhista, mesmo que em juízo incompetente, ainda que venha a ser extinta sem resolução do mérito, produzindo efeitos apenas em relação aos pedidos idênticos." (NR)
>
> "Art. 11-A. Ocorre a prescrição intercorrente no processo do trabalho no prazo de dois anos.
>
> § 1º A fluência do prazo prescricional intercorrente inicia-se quando o exequente deixa de cumprir determinação judicial no curso da execução.
>
> § 2º A declaração da prescrição intercorrente pode ser requerida ou declarada de ofício em qualquer grau de jurisdição."

COMENTÁRIOS

1º PONTO: Direito intertemporal = preservação das situações de vantagem e desvantagem derivadas dos institutos bifrontes (Direito Processual Material) = com relação aos processos pendentes e o título executivo garantido pela coisa julgada material

A competência, fontes e ônus da prova, a coisa julgada e a responsabilidade patrimonial constituem-se institutos bifrontes (ou seja, de direito processual material) devidos a sua função de ponto de conexão entre o direito processual e o direito material. [9]

Insista-se, estes institutos bifrontes estabelecem situações processuais que se exteriorizam para fora do processo e dizem respeito a vida das pessoas no plano material.

A aplicação de lei nova que elimine, restrinja ou agrave de forma desarrazoadamente pesada a efetividade das situações de vantagens criadas por essas normas bifrontes violam diretamente as garantias de preservação da estabilidade e segurança da posição jurídica dos sujeitos processuais e de direitos adquiridos garantidos na Constituição e na lei, comprometendo gravemente ou fatalmente o direito de acesso à justiça e anulando os direitos propriamente materiais dos litigantes, que estariam garantidos contra a aplicação da lei nova por conta da garantia constitucional da irretroatividade das leis (inciso XXXVI do art. 5º da CF).[10]

Portanto, não se pode impor uma lei nova (como a Lei n. 13.467/2017) que altere as regras da imprescritibilidade da coisa julgada material trabalhista programada pela lei vigente ao tempo da formação da coisa julgada material, uma vez que se comprometeria fatalmente o direito material e o próprio direito de acesso à justiça no caso concreto gerando o cancelamento de direitos substanciais da parte: direitos adquiridos e protegidos constitucionalmente (inciso XXXVI do art. 5º da CF), e, ainda, atingiria o próprio direito de ação garantido pelo inciso XXXV do art. 5º da CF.

De fato, a execução trabalhista, na sua generalidade (art. 876 da CLT), decorre do cumprimento de sentença, ou seja, de decisões judiciais transitadas em julgado.

E os títulos executivos emanados dessas decisões trabalhistas transitadas em julgado outorgavam ao credor um título executivo laboral que, sob o albergue da lei anterior, possui a qualidade de imprescritibilidade, ou seja, a execução de tais títulos executivos trabalhistas estava imune a prescrição intercorrente, conforme esclarecido pela Súmula n. 114 do Tribunal Superior do Trabalho.

Tanto é que, mesmo com a edição do CPC/2015, a outorga da qualidade e imunização contra a prescrição intercorrente foi objeto de ratificação pelo inciso VIII do art. 2º da Instrução Normativa n. 39/2016 do TST.

A coisa julgada material contém a fusão do plano material e processual do ordenamento jurídico, uma vez que a sentença é ato do processo, mas, a eficácia que, de forma imutável pela qualificação que recebe, e, dela emana incide sobre o plano material.

---

(9) DINAMARCO, Instituições...*op. Cit.*, p. 106.
(10) DINAMARCO, Instituições...*op. Cit.*, p. 189.

A coisa julgada material trabalhista, constituída antes da Lei n. 13.467/2017, outorgava ao credor trabalhista um título executivo imprescritível, vantagem processual material essa concreta e definitiva, como direito adquirido processual material e como garantia da coisa julgada material.

Por consequência, a prescrição intercorrente prevista no artigo 11-A da CLT (Lei n. 13.467/2017) é inaplicável para os processos pendentes e em cumprimento de sentença que já tenha transitado em julgado.

2º PONTO: Ainda com relação aos processos pendentes e a teoria do isolamento dos atos processuais

Por conta da teoria do isolamento dos atos processuais, com relação aos processos pendentes, a mera inação processual ou a ausência da prática de ato processual, ainda, que decorrente do descumprimento de determinação no curso da execução, ocorrida antes da lei vigência da Lei n. 13.467/2017, não tem qualquer relevância ou eficácia para os fins de configuração da *actio nacta*, posto que daqueles atos processuais não emanavam tais inovadoras e graves consequências.

Portanto, somente, a partir de um novo ato processual (que determine o cumprimento de alguma determinação judicial) levado a efeito sob a égide da Lei n. 13.467/2017, é que se poderá extrair as consequências programadas para esse ato processual, consequência que não poderia retroagir para alcançar atos processuais isolados e anteriores a vigência da lei nova.

3º PONTO: Aporia e antinomia jurídica: a prescrição intercorrente da execução (02 anos) não pode ser menor do que a prescrição do direito material (05 anos) = Súmula n. 150 do STF

As regras traçadas pelo *caput* do art. 11 e *caput* do art. 11-A da Lei n. 13.467/2017 encerram uma aporia e antinomia do ponto de vista jurídico.

Isto porque, a prescrição é uma exceção material ou um contradireito que representa que a exigibilidade da pretensão material foi, no próprio plano material (por isso, a decisão é de prejudicial de mérito), encoberta pelo decurso do prazo (prescrição, e, assim, a despeito de não impedir o pagamento espontâneo no plano material, posto que o direito existe (não houve sua decadência), mas, se impede, se arguida, a exigibilidade da pretensão no plano processual.

Nesse sentido, a prescrição é norma de direito material trazida para o processo.

Por isso, como a prescrição é norma do direito material, a prescrição da execução se dá no mesmo prazo da prescrição da ação, já que ambas se referem ao mesmo direito material violado, exigido e aplicado judicialmente, conforme estabelece a Súmula n. 150 do Supremo Tribunal Federal.

Noutros termos, a prescrição intercorrente no processo (ou a prescrição processual), ou, a prescrição da execução tem que corresponder ao tempo da prescrição da reclamação do direito material em juízo (prescrição da ação).

Ocorre que, enquanto o *caput* do art. 11 da CLT em conformidade com o inciso XXI do art. 7º da CF ("XXIX - ação, quanto aos créditos resultantes das relações de trabalho, com prazo prescricional de cinco anos para os trabalhadores urbanos e rurais, até o limite de dois anos após a extinção do contrato de trabalho.") estabelece o prazo prescricional de 05 anos para ação judicial do direito material, tendo como termo final para o exercício do direito de ação o prazo de 02 anos após a rescisão contratual, o *caput* do art. 11-A estabelece um prazo (de 02 anos) para a prescrição intercorrente ou da execução do direito que é distinto do prazo do plano material que é de 05 anos.

Nesse sentido, se o empregado ingressar com a ação o direito dele poderá prescrever em 02 anos, mas, se não ingressar em juízo o prazo prescricional para reclamar contra a lesão do mesmo direito continuará a ser de 05 anos, com condição a termo de 02 anos.

Logo, a única forma de compatibilizar essa aporia e antinomia legal, inclusive, porque incidiria em inconstitucionalidade, é que a prescrição da execução (ou intercorrente) é de 05 anos, tal qual a prescrição da propositura da ação.

4º PONTO: Da incompletude da norma e da aplicação subsidiária e supletiva do Código Civil

Outrossim, o § 3º do art. 11 da CLT com a redação dada pela Lei n. 13.467/2017, ao determinar que a interrupção da prescrição, somente, ocorrerá pelo ajuizamento de reclamação trabalhista e, portanto, como ato de jurisdição contenciosa, que foi proposto para impedir a interrupção da prescrição pelo protesto judicial, da mesma forma, encerra uma petição de princípio e outra antinomia em face do que dispõe o art. 855-E da CLT com a redação fixada pela mesma lei.

Isto porque, o art. 855-E da CLT estabelece outra causa de interrupção que não decorre de reclamação trabalhista e não se localiza em sede de jurisdição contenciosa, mas de jurisdição voluntária: "'Art. 855-E. A petição de homologação de acordo extrajudicial suspende o prazo prescricional da ação quanto aos direitos nela especificados."

Logo, a regra do § 3º do art. 11 da CLT com a redação dada pela Lei n. 13.467/2017, ao determinar que a interrupção da prescrição, somente, ocorrerá pelo ajuizamento de reclamação, como já se viu acima, não é completa.

Até porque, sendo a prescrição instituto de direito material, a incompletude da norma do § 3º do art. 11 da CLT, conforme determina o art. 4º da Lei de Introdução às Normas do Direito Brasileiro, exige a aplicação subsidiária e supletiva do disposto no art. 202 do Código Civil, que, entre outras hipóteses complementares, determina a interrupção da prescrição pelo protesto interruptivo (inc. I), por qualquer ato judicial que constitua o devedor em mora (inc. V), por qualquer ato inequívoco ainda que extrajudicial que importe em reconhecimento do direito pelo devedor (inc. VI).

5º PONTO: Da Solução *Mandarim*[11]

Finalmente, a regra da prescrição intercorrente na esfera trabalhista representa lastimável retrocesso científico, até por isso, se constata que, mesmo, sem ela, apenas, 20% (vinte por cento) das execuções trabalhistas chegam ao final com a dação completa da prestação jurisdicional, o que é gravíssimo, tendo em vista a maior dignidade do direito que se executa que é o crédito trabalhista que prefere, inclusive, ao crédito fiscal (art. 186 do CTN).

---

(11) "A Solução Mandarim: Existia um reino, governado por um imperador e administrado pelo mandarim. Certo dia de chuva, o imperador resolveu deixar o palácio e passear pelo reino. Verificou que muitos súditos possuíam guarda-chuva. Decretou, então, que na próxima chuva, deixaria o palácio e, se encontrasse alguma pessoa sem guarda-chuva, mandaria matar o mandarim. Quando a chuva voltou a cair, o imperador foi passear pela cidade e não encontrou nenhum súdito sem guarda-chuva. Satisfeito, indagou ao mandariam como teria conseguido tal proeza. Fácil respondeu o mandarim: mandei matar todas as pessoas que não tinham guarda-chuva."

V

DAS MULTAS ADMINISTRATIVAS (ART. 47 E 47-A DA CLT)

Dispõem os arts. 47 e 47-A da CLT (com a redação dada pela Lei n. 13.467/2017):

"Art. 47. O empregador que mantiver empregado não registrado nos termos do art. 41 desta Consolidação ficará sujeito a multa no valor de R$ 3.000,00 (três mil reais) por empregado não registrado, acrescido de igual valor em cada reincidência.

§ 1º Especificamente quanto à infração a que se refere o *caput* deste artigo, o valor final da multa aplicada será de R$ 800,00 (oitocentos reais) por empregado não registrado, quando se tratar de microempresa ou empresa de pequeno porte.

§ 2º A infração de que trata o *caput* deste artigo constitui exceção ao critério da dupla visita." (NR)

"Art. 47-A. Na hipótese de não serem informados os dados a que se refere o parágrafo único do art. 41 desta Consolidação, o empregador ficará sujeito à multa de R$ 600,00 (seiscentos reais) por empregado prejudicado."

COMENTÁRIO

Os arts. 47 e 47-A da CLT cuidam de mera atualização do valor das multas administrativas.

VI

Do Trabalho *In Itinere*

Dispõem o § 2º do art. 58 da CLT (com a redação dada pela Lei n. 13.467/2017):

"Art. 58. ....

....

§ 2º O tempo despendido pelo empregado desde a sua residência até a efetiva ocupação do posto de trabalho e para o seu retorno, caminhando ou por qualquer meio de transporte, inclusive o fornecido pelo empregador, não será computado na jornada de trabalho, por não ser tempo à disposição do empregador.

§ 3º (Revogado)." (NR)

COMENTÁRIOS

1º PONTO: Do direito intertemporal

A base do ato jurídico perfeito é uma fonte normativa materializada num ato concreto: num contrato constituído.

Caracterizado o contrato assinado ou constituído como ato jurídico perfeito, o ato em sua forma original (o contrato) está protegido, porque acompanhado pela lei antiga que disciplinou sua existência, validade e eficácia.

A consumação do ato jurídico perfeito se dá na sua constituição, de forma que ao se constituir já é a causa de futuros efeitos como mera decorrência do ato/contrato assinado pelas partes. Assim, o direito ao pagamento (habitual) das horas in *intinere* no trajeto da casa ao trabalho já definidas pelo contrato (ato jurídico perfeito) em curso não poderá ser suprimido pela lei nova.

A consumação do ato jurídico perfeito se dá com a simples constituição do contrato, isso, tanto no que diz respeito a sua constituição quanto aos seus efeitos passados e futuros, que deverão ser regidos pela lei antiga, ainda que superada pela lei nova, mas aquela vigente ao tempo da constituição do contrato.

Se a lei nova alcançar os efeitos futuros de contratos celebrados anteriormente a vigência dela, ela será uma lei retroativa porque vai interferir na causa, que é um fato ou ato – contrato – ocorrido no passado.

Ademais, não se pode impor uma lei nova que altere as regras referentes ao direito ao pagamento das horas in intinere programada pela lei vigente ao tempo do contrato de trabalho, ou seja, que subtraia direito já incorporado ao patrimônio jurídico do sujeito, uma vez que geraria o cancelamento de direitos substanciais da parte, direitos esses adquiridos protegidos constitucionalmente e garantidos pelo inciso XXXVI do art. 5º da CF

2º PONTO: Da exclusão específica da contagem do tempo *in itinere: da residência para o trabalho e do trabalho para a residência*

De acordo com o § 2º do art. 58 da CLT o tempo que o empregado despender para ir de sua residência para o posto de trabalho e desse para sua residência, ainda, que o empregador forneça o transporte, não será computado na jornada de trabalho.

3º PONTO: Da ausência de exclusão na situação diferenciada: *da inexistência de Transporte Público Regular*

O § 2º do art. 58 da CLT, embora norma específica, tratou de forma genérica a questão do tempo de percurso entre a residência e o trabalho, mesmo quando se referiu ao transporte fornecido pelo empregador.

Ou seja, o § 2º do art. 58 da CLT ao mencionar a hipótese do fornecimento do transporte pelo empregador, não cuidou de situação específica não abrangida pela norma geral, ligada ao princípio da causalidade, ou seja, da indenização ou contrapartida em face do princípio da causalidade de um ônus excessivo imposto a uma das partes contratantes.

De fato, a ausência de contagem como tempo de serviço ou à disposição do empregador, inclusive, em conformidade e coerência com o disposto no § 2º do art. 4 da CLT, está no § 2º do art. 58 da CLT relacionada com "a escolha própria" do empregado.

Assim, cumpre distinguir a hipótese não tratada e não alcançada pelo § 2º do art. 458 da CLT em compasso e coerência com o § 2º do art. 4º da CLT, que é a utilização do transporte que não seja por "escolha própria" ou mera conveniência e opção do empregado, assim, como na hipótese do transporte ser condição *sine qua non* para a prestação de serviço, ou seja, de necessidade específica da utilização do transporte fornecido pelo empregado para que possa chegar ao posto de trabalho, quando o local de trabalho for de difícil acesso ou não servido por transporte público, de forma a atender a indenização ou a contrapartida ou contraprestação desse ônus excessivo para dar cumprimento ao ressarcimento inerente ao princípio da causalidade e ao equilíbrio do contrato, sob pena de se ter uma condição totalmente leonina e abusiva.

4º PONTO: Da contagem do tempo *in itinere* em todas as demais situações não excluídas/excepcionadas

Considerando que o § 2º do art. 58 da CLT fixou espécie fática pontual e específica que a lei estabelece a exclusão do pagamento das horas *in intinere*, qual seja, o tempo que o empregado despender para ir de sua residência para o posto de trabalho e desse para sua residência, então, *contrario sensu*, todas as demais situações *in itinere* deverão ser consideradas como tempo à disposição e deverão ser remuneradas.

Assim, o tempo despendido pelo empregado do seu posto de trabalho para outro local de trabalho, *v.g.*, aguardando um voo no aeroporto para ir da sede da empresa para uma filial ou para visitar um cliente noutra cidade, não corresponde a ida e vinda da casa para o trabalho, então, esse tempo à disposição, ou seja, os períodos de tempo "ociosos" no aguardo do transporte, ou, no próprio transporte, para ir de um local de trabalho para outro local de trabalho, pela inteligência do § 2º do art. 58 da CLT c/ § 2º do art. 8º da CLT, deverá ser considerado tempo à disposição e como tal remunerado.

VII

Do Contrato de Trabalho a Tempo Parcial

Dispõem o art. 58, *caput* e §§ da CLT (com a redação dada pela Lei n. 13.467/2017):

"Art. 58-A. Considera-se trabalho em regime de tempo parcial aquele cuja duração não exceda a trinta horas semanais, sem a possibilidade de horas suplementares semanais, ou, ainda, aquele cuja duração não exceda a vinte e seis horas semanais, com a possibilidade de acréscimo de até seis horas suplementares semanais.

....

§ 3º As horas suplementares à duração do trabalho semanal normal serão pagas com o acréscimo de 50% (cinquenta por cento) sobre o salário-hora normal.

§ 4º Na hipótese de o contrato de trabalho em regime de tempo parcial ser estabelecido em número inferior a vinte e seis horas semanais, as horas suplementares a este quantitativo serão consideradas horas extras para fins do pagamento estipulado no § 3º, estando também limitadas a seis horas suplementares semanais.

§ 5º As horas suplementares da jornada de trabalho normal poderão ser compensadas diretamente até a semana imediatamente posterior à da sua execução, devendo ser feita a sua quitação na folha de pagamento do mês subsequente, caso não sejam compensadas.

§ 6º É facultado ao empregado contratado sob regime de tempo parcial converter um terço do período de férias a que tiver direito em abono pecuniário.

§ 7º As férias do regime de tempo parcial são regidas pelo disposto no art. 130 desta Consolidação." (NR)

COMENTÁRIOS

1º PONTO: Do direito intertemporal

Nos termos do que dispõe o art. 442 da CLT, "*o contrato individual de trabalho é o <u>acordo</u> <u>tácito ou expresso</u>, correspondente à relação de emprego*", ou seja, o ato jurídico perfeito, no caso do contrato de trabalho, pode ser tácito ou expresso desde que presente a relação de emprego.

A perfeição do ato jurídico se dá no momento de sua constituição. E, como consequência, os efeitos do contrato em curso no dia da mudança da legislação regulam-se pela lei da época da constituição do contrato, o que, inclusive, garante a manutenção do equilíbrio inicial do contrato e dos legítimos interesses e direitos das partes integrantes do contrato à aplicação da lei vigente quando da assinatura do contrato.

Isto garante a força da manutenção de direitos e obrigações frente a leis supervenientes que a eles se contraponham.

2º PONTO: As horas extras semanais

O § 3º do art. 58-A da CLT prevê o pagamento de horas extras, apenas, quando ultrapassada a jornada semanal legal do contrato de tempo parcial.

No que o § 3º do art. 58-A incide em inconstitucionalidade diante do disposto no inciso XIII do art. 7º da CF ("XIII – **duração do trabalho normal não superior a oito horas diárias** e quarenta e quatro semanais, facultada a compensação de horários e a redução da jornada, mediante acordo ou convenção coletiva de trabalho.")

Isto porque, o inciso XIII do art. 7º da CF estabelece de forma cumulativa a observância da duração normal de trabalho diária e (e não ou) a duração normal de trabalho semanal.

De fato, a duração do trabalho superior a 08 horas diárias, de acordo com o inciso XIII do art. 7º da CF, deve ser considerada como duração extraordinária, e, assim, ser remunerada como horas extras, e, não apenas, quando superada a jornada semanal legal.

3º PONTO: Tempo parcial aberto

O § 4º do art. 58-A da CLT estabelece um contrato de trabalho a tempo parcial aberto, ou seja, sem limite mínimo da jornada semanal contratual.

4º PONTO: Descaracterização

A prestação de horas extras vedada no contrato de tempo parcial de 30 (trinta) horas semanais descaracteriza o contrato a tempo parcial, pelo que se depreende do art. 58-A da CLT.

Da mesma forma, a prestação de mais de 06 horas extras no contrato de tempo parcial de até 26 horas semanais, desnatura o contrato transmudando-o em contrato de tempo integral, para todos os fins, consoante se extrai do *caput* e dos §§ 3º e 4º do art. 58-A da CLT.

VIII

Das Horas Extras, da Compensação e do Banco de Horas

Dispõem o art. 58, *caput* e §§ da CLT (com a redação dada pela Lei n. 13.467/2017):

"Art. 59. A duração diária do trabalho poderá ser acrescida de horas extras, em número não excedente de duas, por acordo individual, convenção coletiva ou acordo coletivo de trabalho.

§ 1º A remuneração da hora extra será, pelo menos, 50% (cinquenta por cento) superior à da hora normal.

....

§ 3º Na hipótese de rescisão do contrato de trabalho sem que tenha havido a compensação integral da jornada extraordinária, na forma dos §§ 2º e 5º deste artigo, o trabalhador terá direito ao pagamento das horas extras não compensadas, calculadas sobre o valor da remuneração na data da rescisão.

§ 4º (Revogado).

§ 5º O banco de horas de que trata o § 2º deste artigo poderá ser pactuado por acordo individual escrito, desde que a compensação ocorra no período máximo de seis meses.

§ 6º É lícito o regime de compensação de jornada estabelecido por acordo individual, tácito ou escrito, para a compensação no mesmo mês." (NR)

COMENTÁRIOS

1º PONTO: Do direito intertemporal

A lei nova não se aplica aos contratos celebrados antes da sua vigência.

Isto porque, se a lei alcançar os efeitos futuros de contratos celebrados anteriormente a ela, será essa lei retroativa (retroatividade mínima) porque vai intervir na causa, que é um ato ou fato ocorrido no passado.

De forma, que a aplicação dessas regras da lei nova para os contratos já constituídos ao tempo da lei anterior, importaria em violação do ato jurídico perfeito, protegido pelo inciso XXXVI do art. 5º da CF.

Realmente, não há dúvida de que, se a lei alcançar os efeitos futuros dos contratos celebrados anteriormente a ela, será essa lei retroativa porque vai interferir na causa, que é um ato ou fato ocorrido no passado. Nesse caso, a aplicação imediata se dará com efeito retroativo.

2º PONTO: Violação do inciso XIII do art. 7º da CF

A revogação do § 4º do art. 58-A se deu para permitir a prestação de horas extras no contrato de tempo parcial com jornada inferior a 30 (trinta) horas semanais.

Os §§ 5º e 6º do art. 58-A ao permitirem a pactuação de banco de horas mediante acordo individual incorre em inconstitucionalidade à vista do que dispõe o inciso XIII do art. 7º da CF que exige o acordo ou a convenção coletiva: "XIII – duração do trabalho normal não superior a oito horas diárias e quarenta e quatro semanais, facultada a compensação de horários e a redução da jornada, mediante acordo ou convenção coletiva de trabalho."

IX

NULIDADES DA COMPENSAÇÃO E BANCO DE HORAS

Dispõem o art. 58-B, *caput* e parágrafo único da CLT (com a redação dada pela Lei n. 13.467/2017):

"Art. 58-B. O não atendimento das exigências legais para compensação de jornada, inclusive quando estabelecida mediante acordo tácito, não implica a repetição do pagamento das horas excedentes à jornada normal diária se não ultrapassada a duração máxima semanal, sendo devido apenas o respectivo adicional.

Parágrafo único. A prestação de horas extras habituais não descaracteriza o acordo de compensação de jornada e o banco de horas."

COMENTÁRIOS

1º PONTO: Do direito intertemporal

A lei nova não se aplica aos contratos celebrados antes da sua vigência.

Isto porque, se a lei alcançar os efeitos futuros de contratos celebrados anteriormente a ela, será essa lei retroativa (retroatividade mínima) porque vai intervir na causa, que é um ato ou fato ocorrido no passado.

2º PONTO: Da antinomia do Parágrafo Único do art. 58-B da CLT

O parágrafo único do art. 58-B da CLT ao estabelecer que "A prestação de horas extras habituais não descaracteriza o acordo de compensação de jornada e o banco de horas" incorre em antinomia (ou em contradição em essência) com o § 6º do art. 59 da CLT (com a redação da Lei n. 13.467/2017) que fixa: "É lícito o regime de compensação de jornada estabelecido por acordo individual, tácito ou escrito, para compensação no mesmo mês".

Pois, a ausência de compensação no mesmo mês, configura a pura e simples prestação de horas extras já que é tida como situação ilícita pelo § 6º do art. 59 da CLT, ou seja, por desnaturar o acordo de compensação, daí não há como não se ter como descaracterizado o acordo de compensação.

Não há adianta a lei declarar que o quadrado é redondo se pela natureza das coisas e pelo próprio regramento da mesma lei o quadrado não é redondo.

De modo que não há como se extrair inteligência e eficácia jurídica do § único do art. 58-B da CLT., até porque, de outro modo, estar-se-ia esvaziando o sentido e retirando a densidade do conteúdo do inciso XIII do art. 7º da CF ("XIII – duração do trabalho normal não superior a oito horas diárias e quarenta e quatro semanais, facultada a compensação de horários e a redução da jornada, mediante acordo ou convenção coletiva de trabalho.")

3º PONTO: Violação dos incisos XIII e XVI do art. 7º da CF na medida que o Parágrafo Único do art. 58-B da CLT estabelece a criação de jornada normal de trabalho superior a 8 horas diárias e 44 horas semanais e a prestação de horas extras sem o pagamento do adicional de horas extras

O parágrafo único do art. 58-B da CLT incide em inconstitucionalidade por violação aos incisos XIII e XVI do art. 7º da CF que, respectivamente, determinam:

> "XIII – duração do trabalho normal não superior a oito horas diárias e quarenta e quatro semanais, facultada a compensação de horários e a redução da jornada, mediante acordo ou convenção coletiva de trabalho."

> "XVI – remuneração do serviço extraordinário superior, no mínimo, em cinquenta por cento à do normal".

Isto porque, a se admitir a eficácia do parágrafo único do art. 58-B da CLT estar-se-á de forma sub-reptícia esvaziando o sentido e retirando a densidade do conteúdo dos incisos XIII e XVI do art. 7º da CF, posto que, na prática estará se permitindo a prestação de horas extras sem o pagamento do adicional de horas extras (violação do inciso XVI do art. 7º da CF), e, também, autorizando a duração do trabalho normal superior a 8 (oito) horas diárias e 44 (quarenta e quatro) horas semanais sem acordo de compensação válido (violando o inciso XIII do art. 7º da CF).

Noutros termos, o parágrafo único do art. 58-B da CLT envolve um sutil jogo de máscaras, onde estabelece a redução de direitos trabalhistas de natureza constitucional, sem ao menos permitir a exata percepção de como isso ocorreu..

Noutras palavras, o parágrafo único do art. 58-B da CLT viola direitos constitucionais mínimos como a jornada diária e semanal constitucional, salvo observância do banco de horas e da compensação lícita e regular, e, afeta o pagamento do adicional das horas extras.

X

DA JORNADA DE 12 X 36 HORAS

Dispõem o art. 59-A, *caput* e parágrafo único da CLT (com a redação dada pela Lei n. 13.467/2017):

> "Art. 59-A. Em exceção ao disposto no art. 59 desta Consolidação, é facultado às partes, mediante acordo individual escrito, convenção coletiva ou acordo coletivo de trabalho, estabelecer horário de trabalho de doze horas seguidas por trinta e seis horas ininterruptas de descanso, observados ou indenizados os intervalos para repouso e alimentação.
>
> Parágrafo único. A remuneração mensal pactuada pelo horário previsto no *caput* deste artigo abrange os pagamentos devidos pelo descanso semanal remunerado e pelo descanso em feriados, e serão considerados compensados os feriados e as prorrogações de trabalho noturno, quando houver, de que tratam o art. 70 e o § 5º do art. 73 desta Consolidação."

Dispõem o art. 59-A, *caput* e parágrafo único da CLT (no período de 14.11.2017 até 23.04.2018 com a redação dada pela Medida Provisória n. 808/2017):

> "Art. 59-A. Em exceção ao disposto no art. 59 desta Consolidação, é facultado às partes, por meio de convenção coletiva ou acordo coletivo de trabalho, estabelecer horário de trabalho de doze horas seguidas por trinta e seis horas ininterruptas de descanso, observados ou indenizados os intervalos para repouso e alimentação.
>
> § 1º. A remuneração mensal pactuada pelo horário previsto no *caput* deste artigo abrange os pagamentos devidos pelo descanso semanal remunerado e pelo descanso em feriados, e serão considerados compensados os feriados e as prorrogações de trabalho noturno, quando houver, de que tratam o art. 70 e o § 5º do art. 73 desta Consolidação.
>
> § 2º. É facultado às entidades atuantes no setor de saúde estabelecer por meio de acordo individual escrito, convenção coletiva ou acordo coletivo de trabalho, horário de trabalho de doze horas por trinta e seis horas ininterruptas de descansos, observados ou indenizados os intervalos para repouso e alimentação."

COMENTÁRIOS

1º PONTO: Do direito intertemporal

A lei nova não se aplica aos contratos celebrados antes da sua vigência.

Isto porque, se a lei alcançar os efeitos futuros de contratos celebrados anteriormente a ela, será essa lei retroativa (retroatividade mínima) porque vai intervir na causa, que é um ato ou fato ocorrido no passado.

Aspectos de Direito Material – 97

De forma, que a aplicação dessas regras da lei nova para os contratos já constituídos ao tempo da lei anterior, importaria em violação do ato jurídico perfeito, protegido pelo inciso XXXVI do art. 5º da CF

2º PONTO: Violação dos incisos IX, XIII, XV e XXII do art. 7º da CF

O *caput* do art. 59-A da CLT ao liberar de forma genérica a prestação de serviço por 12 horas diárias, viola os incisos IX, XIII, XV, XVI e XXII do art. 7º da CF:

"IX – remuneração do trabalho noturno superior à do diurno;

XIII – duração do trabalho normal não superior a oito horas diárias e quarenta e quatro semanais, facultada a compensação de horários e a redução da jornada, mediante acordo ou convenção coletiva de trabalho;

XV – repouso semanal remunerado, preferencialmente aos domingos;

XVI – remuneração do serviço extraordinário superior, no mínimo, em cinqüenta por cento à do normal;

XXII – redução dos riscos inerentes ao trabalho, por meio de normas de saúde, higiene e segurança;

XXVI – reconhecimento das convenções e acordos coletivos de trabalho;"

3º PONTO: Violação do inciso XIII do art. 7º da CF

Isto porque, a se admitir a eficácia do *caput* do art. 59-A da CLT previsto pela Lei n. 13.467/2017, estar-se-á de forma sub-reptícia esvaziando o sentido e retirando a densidade do conteúdo dos incisos XIII e XVI do art. 7º da CF, posto que, na prática estará se permitindo a prestação de horas extras sem o pagamento do adicional de horas extras (violação do inciso XVI do art. 7º da CF), e, também, autorizando a duração do trabalho normal superior a 8 (oito) horas diárias e 44 (quarenta e quatro) horas semanais, por acordo individual de forma indiscriminada e geral, sem acordo coletivo de compensação válido (violando o inciso XIII do art. 7º da CF).

Da mesma forma, a se admitir a eficácia do § 1º e do § 2º do art. 59-A da CLT previsto pela Medida Provisória n. 808/2017, no período de vigência desta, estar-se-á de forma sub-reptícia esvaziando o sentido e retirando a densidade do conteúdo dos incisos XIII e XVI do art. 7º da CF, posto que, na prática estará se permitindo a prestação de horas extras sem o pagamento do adicional de horas extras (violação do inciso XVI do art. 7º da CF), e, também, autorizando a duração do trabalho normal superior a 8 (oito) horas diárias e 44 (quarenta e quatro) horas semanais sem acordo de compensação válido (violando o inciso XIII do art. 7º da CF).

4º PONTO: Violação dos incisos XIII e XXVI do art. 7º da CF

Outrossim, não há como se extrair inteligência e eficácia jurídica do *caput* do art. 59-A previsto pela Lei n. 13.467/2017 ou do § 2º do art. 59 da CLT, fixado no período de vigência da Medida Provisória n. 808/2017, porque, ao se admitir o acordo individual afastando a entidade sindical estar-se-ia esvaziando o sentido e retirando a densidade do conteúdo do inciso XIII do art. 7º da CF ("XIII – duração do trabalho normal não superior a oito horas diárias e quarenta e quatro semanais, facultada a compensação de horários e a redução da jornada, mediante acordo ou convenção coletiva de trabalho."), bem como do inciso XXVI do art. 7º da CF (XXVI – reconhecimento das convenções e acordos coletivos de trabalho"), a despeito de reconhecimento jurisprudencial para casos excepcionais e específicos dos hospitais (Súmula n. 444 do TST).

Licença Prévia ADM

Dispõe o parágrafo único do art. 60 da CLT (com a redação dada pela Lei n. 13.467/2017):

"Art. 60. ....

Parágrafo único. Excetuam-se da exigência de licença prévia as jornadas de doze horas de trabalho por trinta e seis horas ininterruptas de descanso." (NR)

COMENTÁRIO

Afastamento da autorização prévia para trabalho em atividade insalubre em jornadas de 12 x 36 e inciso XXII do art. 7º da CF

O parágrafo único do 60 da CLT ao liberar de forma genérica e geral, sem necessidade de prévia autorização, a prestação de serviço em atividades insalubres, mesmo em jornadas extenuantes de 12 horas diárias, parece violar a determinação do inciso XXII do art. 7º da CF:

"XXII – redução dos riscos inerentes ao trabalho, por meio de normas de saúde, higiene e segurança;"

Dispensa de Autorização Sindical para a Prestação de Horas Extras Além do Limite Legal por Conta de Força Maior ou Necessidade Imperiosa

Dispõem o art. 59-B, *caput* e parágrafo único da CLT (com a redação dada pela Lei n. 13.467/2017):

"Art. 61. ....

§ 1º O excesso, nos casos deste artigo, pode ser exigido independentemente de convenção coletiva ou acordo coletivo de trabalho.

COMENTÁRIO

Do direito intertemporal

A lei nova não se aplica aos contratos celebrados antes da sua vigência.

XIII

EXCLUSÃO DO *HOME OFFICE* (TELETRABALHO) DO REGIME DE HORAS EXTRAS

Dispõe o item III do art. 62 da CLT (com a redação dada pela Lei n. 13.467/2017):

"Art. 62. ....

....

III – os empregados em regime de teletrabalho."

COMENTÁRIOS

1º PONTO: Do direito intertemporal

A lei nova não se aplica aos contratos celebrados antes da sua vigência.

2º PONTO: Da ausência de base científica a exclusão do pagamento das horas extras garantido pela Constituição Federal (*caput* e inciso I do art. 5º da CF)

O inciso III do art. 62 da CLT e o art. 75-A da CLT desautorizam o pagamento de horas extras sem base científica ou fática que justificasse a discriminação desse tipo de trabalho dos preceitos constitucionais que garantem a igualdade e a dignidade da pessoa humana com a observância de padrões civilizatórios mínimos que impõe a observância de jornada de trabalho diária e semanal em conformidade com o estabelecido pela Carta Magna, ignorando a nova estrutura de fiscalização, controle e de poder empresarial.

Os novos sistemas de informação oferecem um quadro abrangente da organização aos altos administradores de uma forma que deixa os indivíduos em qualquer parte da rede sem espaço para se esconder. E, ainda, os sistemas operacionais de controle informatizado substituem as negociações que poderiam proteger os indivíduos a lidar apenas com os superiores intermediários.

As empresas criaram um sofisticado sistema de controle para regular os processos de trabalho dos empregados que trabalham fora do escritório.

Exige-se que as pessoas telefonem regularmente para o escritório ou usam-se controles de intra-rede para monitorar o trabalhador ausente; os *e-mails* são frequentemente abertos pelos supervisores.

Atualmente, vários estudos já indicam que a supervisão, fiscalização e controle do trabalho praticado com relação aos empregados é, na verdade, maior para os ausentes do escritório do que para os presentes.

Os trabalhadores trocam uma forma de submissão ao poder – cara a cara – por outra, eletrônica.

A lógica métrica do tempo de Daniel Bell passou do relógio de ponto para a tela do computador. O trabalho é fisicamente descentralizado, o poder sobre o trabalhador, mais direto.

3º PONTO: Violação dos incisos XIII e XVI do art. 7º da CF

O inciso III do art. 62 da CLT incide em inconstitucionalidade por violação aos incisos XIII e XVI do art. 7º da CF que, respectivamente, determinam:

> "XIII – duração do trabalho normal não superior a oito horas diárias e quarenta e quatro semanais, facultada a compensação de horários e a redução da jornada, mediante acordo ou convenção coletiva de trabalho."
>
> "XVI – remuneração do serviço extraordinário superior, no mínimo, em cinqüenta por cento à do normal"

Isto porque, com a exclusão artificial da jornada diária e semanal máxima e do pagamento de horas extras para o empregado que se ativa na situação de teletrabalho estar-se-á de forma sub-reptícia esvaziando o sentido e retirando a densidade do conteúdo dos incisos XIII e XVI do art. 7º da CF, posto que, na prática, estar-se-á autorizando a duração do trabalho normal superior a 8 (oito) horas diárias e 44 (quarenta e quatro) horas semanais (violando o inciso XIII do art. 7º da CF), e, ainda, permitindo a prestação de horas extras sem o pagamento do adicional de horas extras (violação do inciso XVI do art. 7º da CF).

Noutros termos, o artificial item III do art. 62 da CLT envolve um sutil jogo de máscaras, onde estabelece a redução de direitos trabalhistas de natureza constitucional, sem ao menos permitir a exata percepção de como isso ocorreu.

Noutras palavras, o artificial e antijurídico item III do art. 62 da CLT viola direitos constitucionais mínimos como a jornada diária e semanal constitucional, salvo observância da compensação lícita e regular, e, afeta o pagamento do adicional das horas extras, isso porque, subtrai-se a densidade da garantia constitucional de seu conteúdo.

4º PONTO: Violação do *caput* e inciso I do art. 5º da CF

O inciso III do art. 62 da CLT incide em inconstitucionalidade por violação ao *caput* e inciso I do art. 5º da CF que determinam:

> "Art. 5º Todos são iguais perante a lei, sem distinção de qualquer natureza, garantindo-se aos brasileiros e aos estrangeiros residentes no País a inviolabilidade do direito à vida, à liberdade, à igualdade, à segurança e à propriedade, nos termos seguintes:
>
> I – homens e mulheres são iguais em direitos e obrigações, nos termos desta Constituição;"

De fato, o inciso III do art. 62 da CLT e o art. 75-A da CLT desautorizam o pagamento de horas extras sem base científica ou fática que justificasse a discriminação desse tipo de trabalho dos preceitos constitucionais que garantem a dignidade da pessoa humana com a observância de padrões civilizatórios mínimos que impõem a observância de jornada de trabalho diária e semanal em conformidade com o estabelecido pela Carta Magna, ignorando a nova estrutura de fiscalização, controle e de poder empresarial.

Os novos sistemas de informação oferecem um quadro abrangente da organização aos altos administradores de uma forma que deixa aos indivíduos em qualquer parte da rede sem espaço para se esconder. E, ainda, os sistemas operacionais de controle informatizado substituem as negociações que poderiam proteger os indivíduos a lidar apenas com os superiores intermediários.

XIV

Não Concessão dos Intervalos Legais Obrigatórios

Dispõe o § 4º do art. 71 da CLT (com a redação dada pela Lei n. 13.467/2017):

"Art. 71. ....

....

§ 4º A não concessão ou a concessão parcial do intervalo intrajornada mínimo, para repouso e alimentação, a empregados urbanos e rurais, implica o pagamento, de natureza indenizatória, apenas do período suprimido, com acréscimo de 50% (cinquenta por cento) sobre o valor da remuneração da hora normal de trabalho.

COMENTÁRIOS

1º PONTO: Do direito intertemporal

A lei nova não se aplica aos contratos celebrados antes da sua vigência.

As regras contratuais impostas pela vontade ou lei anterior como obrigatórias num contrato, uma vez apostas a ele passam a integrá-lo como fruto da vontade inclusive da parte que a ele adere, e, consequentemente, daí resulta que esse contrato, como ato jurídico perfeito, tem os seus efeitos futuros postos a salvo de modificações que a lei nova faça com relação a tais cláusulas, as quais somente são imperativas para os contratos que vierem a celebrar-se depois de sua entrada em vigor.

2º PONTO: Da antinomia da natureza indenizatória e a menor da indenização da prestação substitutiva a original

O § 4º do art. 71 da CLT ao estabelecer que "a não concessão do intervalo mínimo para repouso e alimentação", importa, "apenas, no pagamento do período suprimido com acréscimo de 50%" conduz a uma antinomia da regra normativa.

Isto porque, se o intervalo mínimo não é observado, a indenização apenas do período não gozado desnatura o próprio intervalo mínimo que pode ser fraudado com o pagamento de apenas um pedaço do mínimo e sem qualquer repercussão.

Assim, se o intervalo mínimo foi prejudicado, o que deve ser indenizado é o intervalo mínimo prejudicado e não os minutos que foram trabalhados.

Noutras palavras, o mínimo foi prejudicado, *rectius*: se o intervalo mínimo não foi observado e não existiu, o que deve ser indenizado é o intervalo mínimo, sob pena da indenização substitutiva da prestação original ser inferior a ela e a indenização não corresponder a extensão do dano.

Além disso, desnatura a própria prestação de horas extras que é feita dentro do horário que seria de gozo de descanso e assim não computado na duração do horário de trabalho.

O que não é computado na duração do horário de trabalho é o período não trabalhado e, agora, a lei com antinomia estaria estabelecendo a possibilidade do período efetivo de prestação de serviço para além da duração do horário normal (já que dentro do período que seria de não trabalho) que não seria considerado como prestação de horas extras e como salário para todos os efeitos legais.

E, com isso o § 4º do art. 71 da CLT estaria desvirtuando, esvaziando o sentido e retirando a densidade do conteúdo do inciso XIII do art. 7º da CF ("XIII – duração do trabalho normal não superior a oito horas diárias e quarenta e quatro semanais, facultada a compensação de horários e a redução da jornada, mediante acordo ou convenção coletiva de trabalho.").

E, também, com isso o § 4º do art. 71 da CLT estaria desvirtuando, esvaziando o sentido e retirando a densidade do conteúdo do inciso XVI do art. 7º da CF – uma vez que estaria possibilitando a prestação de horas extras sem o pagamento da remuneração correspondente, com o adicional devido e todos os seus reflexos:

"XVI – remuneração do serviço extraordinário superior, no mínimo, em cinquenta por cento à da norma".

Assim, pelo § 4º do art. 71 da CLT, o empregador poderá estabelecer um horário de intervalo menor que o mínimo legal, desde que indenize, apenas, os minutos faltantes, sem qualquer repercussão ou consequência.

Nesse sentido, a norma de caráter indisponível e obrigatório do gozo do intervalo mínimo fixado por lei se torna uma regra de caráter potestativo do empregador que poderá não observar o intervalo mínimo e ainda proceder ao pagamento de uma indenização inferior a prestação original.

Como se fosse possível comprar a irresponsabilidade ou o direito de prejudicar os outros, afastando o imperativo ético e moral da conduta humana.

Já que a prestação original é o gozo do intervalo mínimo que não ocorrerá e, ainda, não serão remuneradas as horas extras, como horas extras e salário, que estão sendo prestadas nesse período que seria de gozo, ou seja, nesse período que a princípio estaria fora da duração do trabalho e, agora, elastece a duração do trabalho, mas não é considerado como trabalho prestado para fim de sua remuneração.

Não adianta a lei declarar que o planeta terra não é redondo e sim plano, uma vez que se a lei ignora os fatos e sua natureza jurídica, os fatos e o direito se rebelam contra a lei.

Os princípios são mais importantes que as próprias regras formais. Os juízes não podem contrariar os princípios que encarnam a moralidade objetiva da sociedade. Os princípios prevalecem sobre as normas positivas impondo uma interpretação adequada e atualizada da lei, particularmente, em atenção a equidade, não admitindo vantagem exagerada a determinada parte que ofende a princípios fundamentais do ordenamento jurídico.

De fato, a lei não esgota o direito, o direito é o conjunto de leis e normas jurídicas e seus princípios gerais, inclusive, a boa-fé objetiva que a própria lei deve observar para ter validade, sob pena de a lei estabelecer o ato ilícito ou abuso de direito ou uma cláusula leonina, meramente potestativa e abusiva e em enriquecimento sem causa em favor de um sujeito.

Ora, salário é a contraprestação paga pela prestação de serviços não se podendo extrair indenização como contrapartida da prestação de serviços realizada durante o período que deveria ser do descanso mínimo obrigatório, uma vez que a indenização é o pagamento derivado de um dano, e, não dá contraprestação do serviço realizado no período de descanso.

De modo que não há como se extrair inteligência e eficácia jurídica do § 4º do art. 71 da CLT, até porque, de outro modo, estar-se-ia esvaziando o sentido e retirando a densidade do conteúdo do inciso XIII do art. 7º da CF ("XIII – duração do trabalho normal não superior a oito horas diárias e quarenta e quatro semanais, facultada a compensação de horários e a redução da jornada, mediante acordo ou convenção coletiva de trabalho.").

Ademais, sempre, poder-se-á evitar o prequestionamento constitucional para declarar a ilegalidade ou ineficácia da norma por sua antijuridicidade na medida que a mesma está em desacordo com o sistema de proteção do trabalhador, previsto na CLT – sem falar que, igualmente, previsto no *caput* do art. 7º da CF.

3º PONTO: Violação dos incisos VI, XIII e XVI do art. 7º da CF

O § 4º do 71 da CLT incide em inconstitucionalidade por violação aos incisos VI e XIII do art. 7º da CF que, respectivamente, determinam:

"VI – remuneração do serviço extraordinário superior, no mínimo, em cinqüenta por cento à do normal"

"XIII – duração do trabalho normal não superior a oito horas diárias e quarenta e quatro semanais, facultada a compensação de horários e a redução da jornada, mediante acordo ou convenção coletiva de trabalho."

Isto porque, a se admitir a eficácia do § 4º do art. 71 da CLT, com o pagamento de natureza meramente indenizatória (caso não se interprete o indenizatório de maneira ampla como ressarcimento, ou como o pagamento da prestação substitutiva de igual valor, observada a natureza e a extensão e reflexos das consequências que a prestação original, ou seja, a indenização com conteúdo igual a parcela salarial em todas as suas consequências, sob pena da indenização ser inferior ao direito original) estar-se-á de forma sub-reptícia esvaziando o sentido e retirando a densidade do conteúdo do inciso XIII do art. 7º da CF, posto que, na prática estará se permitindo a prestação de horas extras sem o pagamento do adicional de horas extras (violação do inciso VI do art. 7º da CF), e, também, autorizando a duração do trabalho normal superior a 8 (oito) horas diárias e 44 (quarenta e quatro) horas semanais sem acordo de compensação válido (violando o inciso XIII do art. 7º da CF).

E, insista-se, também, o § 4º do art. 71 da CLT estaria desvirtuando, esvaziando o sentido e retirando a densidade do conteúdo do inciso XVI do art. 7º da CF– uma vez que estaria possibilitando a prestação de horas extras sem o pagamento da remuneração correspondente, com o adicional devido e todos os seus reflexos:

> "XVI – remuneração do serviço extraordinário superior, no mínimo, em cinqüenta por cento à da norma"

Novamente, a Lei n. 13.467/2017, por meio do § 4º do art. 71 da CLT adota a técnica legislativa de jogo de máscaras, onde estabelece a redução de direitos trabalhistas de natureza constitucional, sem permitir a exata percepção de como isso ocorreu.

Noutras palavras, o § 4º do art. 71 da CLT viola direitos constitucionais mínimos como a jornada diária e semanal constitucional, salvo observância da compensação lícita e regular, e, afeta o pagamento do adicional das horas extras.

Isto porque, pela inteligência do § 4º do art. 71 da CLT a garantia da jornada diária normal de 8 (oito) horas e semanal de 44 (quarenta e quatro) horas fica mantida como direito só na casca, pois, subtrai-se a densidade da garantia constitucional de seu conteúdo, ao se admitir a prestação de trabalho durante o período de descanso, estendendo, por consequência, a duração do trabalho normal para além do limite constitucional, e, pior, sem que esse trabalho – e esse período suprimido – seja remunerado como horas extras.

XV

Do Teletrabalho

Dispõem os arts. 75-A, 75-B, 75-C, 75-D e §§ da CLT (com a redação dada pela Lei n. 13.467/2017):

'Art. 75-A. A prestação de serviços pelo empregado em regime de teletrabalho observará o disposto neste Capítulo.'

'Art. 75-B. Considera-se teletrabalho a prestação de serviços preponderantemente fora das dependências do empregador, com a utilização de tecnologias de informação e de comunicação que, por sua natureza, não se constituam como trabalho externo.

Parágrafo único. O comparecimento às dependências do empregador para a realização de atividades específicas que exijam a presença do empregado no estabelecimento não descaracteriza o regime de teletrabalho.'

'Art. 75-C. A prestação de serviços na modalidade de teletrabalho deverá constar expressamente do contrato individual de trabalho, que especificará as atividades que serão realizadas pelo empregado.

§ 1º Poderá ser realizada a alteração entre regime presencial e de teletrabalho desde que haja mútuo acordo entre as partes, registrado em aditivo contratual.

§ 2º Poderá ser realizada a alteração do regime de teletrabalho para o presencial por determinação do empregador, garantido prazo de transição mínimo de quinze dias, com correspondente registro em aditivo contratual.'

'Art. 75-D. As disposições relativas à responsabilidade pela aquisição, manutenção ou fornecimento dos equipamentos tecnológicos e da infraestrutura necessária e adequada à prestação do trabalho remoto, bem como ao reembolso de despesas arcadas pelo empregado, serão previstas em contrato escrito.

Parágrafo único. As utilidades mencionadas no *caput* deste artigo não integram a remuneração do empregado.'

COMENTÁRIOS

1º PONTO: Do direito intertemporal

A lei nova não se aplica aos contratos celebrados antes da sua vigência.

2º PONTO: Teletrabalho não corresponde ao trabalho externo do inciso I do art. 62 da CLT

O teletrabalho é a princípio o trabalho prestado fora das dependências do empregador, porém, não corresponde ao trabalho externo incompatível com a fixação de horário de trabalho do inciso I do art. 62 da CLT, por conta do que dispõe a parte final do art. 75-B da CLT ("que, por sua natureza, não se constituam como trabalho externo"), bem como por conta do que estabelece o parágrafo único do art. 75-B ("O comparecimento às dependências do empregador para a realização de atividades específicas que exijam a presença do empregado no estabelecimento não descaracteriza o regime de teletrabalho.").

3º PONTO: Teletrabalho = condição especial e contrato formal

De acordo o art. 75-C da CLT o teletrabalho exige forma prescrita em lei, ou seja, deverá obrigatoriamente constar no contrato individual de trabalho, bem como, na CTPS como condição especial, a que se refere o art. 29 da CLT ("Art. 29-A Carteira de Trabalho e Previdência Social será obrigatoriamente apresentada, contra recibo, pelo trabalhador ao empregador que o admitir, o qual terá o prazo de quarenta e oito horas para nela anotar, especificamente, a data de admissão, a remuneração e as condições especiais, se houver, sendo facultada a adoção de sistema manual, mecânico ou eletrônico, conforme instruções a serem expedidas pelo Ministério do Trabalho.")

4º PONTO: Da modificação do regime de trabalho para contratos assinados após a vigência da Lei n. 13.467/2017

Tendo em vista que a lei nova não se aplica aos contratos celebrados antes da sua vigência, conforme acima vista, por conta da regra de direito intertemporal e a impossibilidade de se atingir ato jurídico perfeito, como é o contrato de trabalho constituído antes da vigência da Lei n. 13.467/2017, a possibilidade de modificação do regime presencial para o regime de teletrabalho só se aplica para os contratos constituídos após a vigência da Lei n. 13.467/2017.

Até porque, o regime de trabalho é condição essencial do contrato de trabalho.

O regime de trabalho é condição qualitativa do contrato de trabalho não se inserindo no poder do empregador de alterar as condições de trabalho acessórias, ou seja, o *jus variandi*.

Ademais, os contratos de trabalho constituídos ou assinados antes da vigência da Lei n. 13.467/2017 (11.11.2017), têm como imposta pela lei anterior (art. 468 da CLT) certas cláusulas obrigatórias – como que as alterações contratuais ainda que bilaterais se prejudiciais ao empregado não tem validade (são nulas) –, que passam a integrar o contrato de trabalho como fruto da vontade, e, consequentemente, daí resulta que esse contrato com essa cláusula, como ato jurídico perfeito, tem seus efeitos (ainda que futuros) postos a salvo de modificações que a nova lei faça com relação a tais cláusulas, e, assim, esse novo regramento da modificação do regime de trabalho somente é válido na forma prevista pelo § 1º do art. 75-C para os aditivos referentes a contratos constituídos após 11.11.2017.

5º PONTO: Aquisição, manutenção, fornecimento, despesas da tecnologia e infraestrutura necessárias ao teletrabalho e possível violação dos incisos VI, XIII e XVI do art. 7º da CF

A previsão do *caput* do art. 75-D só faz sentido no contexto de que o empregador é o responsável por todos esses custos, ou seja, pela assunção do risco do negócio, podendo o empregado ser responsabilizado por qualquer dano que cause aos equipamentos desde que contratualmente previstos ou no caso de dolo, à semelhança do que consta no § 1º do art. 462 da CLT, sob pena de violação do disposto no *caput* do art. 7 da CF ("Art. 7º São direitos dos trabalhadores urbanos e rurais, além de outros que visem à melhoria de sua condição social:"), bem como ao inciso VI do art. 7º da CF ("VI – irredutibilidade do salário, salvo o disposto em convenção ou acordo coletivo.").

E, também, se não fora assim, o *caput* do art. 75-D da CLT. estaria desvirtuando, esvaziando o sentido e retirando a densidade do conteúdo do inciso XVII do art. 7º da CF.

"XVII – proteção em face da automação, na forma da lei;"

6º PONTO: Equipamentos = ferramentas de trabalho

O parágrafo único do art. 76-D da CLT deixa claro que os equipamentos e a infraestrutura alusiva ao teletrabalho fornecidas pelo empregador são ferramentas de trabalho e, portanto, não tem natureza salarial.

XVI

DA RESPONSABILIDADE ACIDENTÁRIA NO TELETRABALHO

Dispõe o art. 75-E e parágrafo único da CLT (com a redação dada pela Lei n. 13.467/2017):

> "Art. 75-E. O empregador deverá instruir os empregados, de maneira expressa e ostensiva, quanto às precauções a tomar a fim de evitar doenças e acidentes de trabalho.
>
> Parágrafo único. O empregado deverá assinar termo de responsabilidade comprometendo-se a seguir as instruções fornecidas pelo empregador.'"

COMENTÁRIOS

1º PONTO: Da responsabilidade do empregador pela eclosão de doenças profissionais e acidente de trabalho ocorrido no ambiente do *home office* ou do teletrabalho = da culpa patronal presumida

O *caput* do art. 76-E da CLT deixa claro que é de responsabilidade do empregador adotar todas as medidas de segurança, higiene e saúde ocupacional para prevenção de acidentes do trabalho e de doenças profissionais.

O empregado deverá assinar termo de responsabilidade no sentido de comprometer-se a seguir as instruções fornecidas pelo empregador, nos termos do parágrafo único do art. 75-E da CLT.

Cabe ao empregador propiciar as condições de segurança, higiene e saúde ocupacional, bem como a fiscalização do cumprimento do regramento indicado ao empregado.

Do contrário, estar-se-ia desvirtuando a responsabilidade definida pelo inciso XXVIII do art. 7º da CF:

> "XXVIII – seguro contra acidentes de trabalho, a **cargo do empregador, sem excluir a indenização a que este está obrigado, quando incorrer em dolo ou culpa**"

2º PONTO: Ainda da responsabilidade do empregador para cobrir a eclosão de doenças profissionais e acidente de trabalho ocorrido no ambiente do *home office* ou do teletrabalho

A adoção do regime de teletrabalho traz maior flexibilidade e redução de custos para o empregador ao retirar o empregado do interior e do espaço da empresa, no entanto, e, por outro lado, traz como contrapartida, maior risco e ônus da empresa no que se refere a responsabilidade em face da eclosão de doenças profissionais e acidentes do trabalho.

Do contrário, estar-se-ia admitindo a irresponsabilidade patronal pela atividade do empregado ou o direito de prejudicar os outros e esvaziando o sentido e retirando a densidade do conteúdo do inciso XXVIII do art. 7º da CF.

Ademais, ainda que assim não fosse, sempre, poder-se-á evitar o prequestionamento constitucional para declarar a ilegalidade ou ineficácia da norma por sua antijuridicidade na medida que a mesma está em desacordo com o sistema de proteção do trabalhador, previsto na CLT.

XVII

DA REPARTIÇÃO DO GOZO DAS FÉRIAS

Dispõe o art. 134 e §§ da CLT (com a redação dada pela Lei n. 13.467/2017):

"Art. 134. ....

§ 1º Desde que haja concordância do empregado, as férias poderão ser usufruídas em até três períodos, sendo que um deles não poderá ser inferior a quatorze dias corridos e os demais não poderão ser inferiores a cinco dias corridos, cada um.

§ 2º (Revogado).

§ 3º É vedado o início das férias no período de dois dias que antecede feriado ou dia de repouso semanal remunerado." (NR)

COMENTÁRIOS

1º PONTO: Do direito intertemporal

A lei nova não se aplica aos contratos celebrados antes da sua vigência.

Com efeito, os contratos de trabalho constituídos ou assinados antes da vigência da Lei n. 13.467/2017 (11.11.2017), tem como imposta contratualmente e, ainda, pela lei anterior (art. 134 da CLT) certas cláusulas obrigatórias – como que as alterações contratuais ainda que bilaterais se prejudiciais ao empregado não tem validade (são nulas) – , que passam a integrar o contrato de trabalho como fruto da vontade, e, consequentemente, daí resulta que esse contrato com essa cláusula, como ato jurídico perfeito, tem seus efeitos (ainda que futuros) postos a salvo de modificações que a nova lei faça com relação a tais cláusulas.

2º PONTO: 05 dias de férias e doenças profissionais (stress, depressão etc.)

O gozo de 05 (cinco) dias de férias corridos – particularmente se concedidos a partir de uma 5ª feira com retorno na 3ª feira – não parece ser suficiente a restaurar a higidez física e mental do trabalhador, especialmente, no mundo atual e esvazia a densidade do inciso XVII do art. 7º da CF que garante o descanso anual ou o gozo das férias.

O que poderá gerar um aumento de doenças profissionais e a responsabilidade do empregador e, também, conflito com o inciso XXII do art. 7º da CF ("XXII – redução dos riscos inerentes ao trabalho, por meio de normas de saúde, higiene e segurança").

Do Dano Extrapatrimonial

Dispõem os arts. 223-A, 223-B, 223-C, 223-D, 223-E, 223-F e 223- G da CLT (com a redação dada pela Lei n. 13.467/2017):

'"Art. 223-A. Aplicam-se à reparação de danos de natureza extrapatrimonial decorrentes da relação de trabalho apenas os dispositivos deste Título.'

'Art. 223-B. Causa dano de natureza extrapatrimonial a ação ou omissão que ofenda a esfera moral ou existencial da pessoa física ou jurídica, as quais são as titulares exclusivas do direito à reparação.'

'Art. 223-C. A honra, a imagem, a intimidade, a liberdade de ação, a autoestima, a sexualidade, a saúde, o lazer e a integridade física são os bens juridicamente tutelados inerentes à pessoa física.'

'Art. 223-D. A imagem, a marca, o nome, o segredo empresarial e o sigilo da correspondência são bens juridicamente tutelados inerentes à pessoa jurídica.'

'Art. 223-E. São responsáveis pelo dano extrapatrimonial todos os que tenham colaborado para a ofensa ao bem jurídico tutelado, na proporção da ação ou da omissão.'

'Art. 223-F. A reparação por danos extrapatrimoniais pode ser pedida cumulativamente com a indenização por danos materiais decorrentes do mesmo ato lesivo.

§ 1º Se houver cumulação de pedidos, o juízo, ao proferir a decisão, discriminará os valores das indenizações a título de danos patrimoniais e das reparações por danos de natureza extrapatrimonial.

§ 2º A composição das perdas e danos, assim compreendidos os lucros cessantes e os danos emergentes, não interfere na avaliação dos danos extrapatrimoniais.'

'Art. 223-G. Ao apreciar o pedido, juízo considerará:

I – a natureza do bem jurídico tutelado;

II – a intensidade do sofrimento ou da humilhação;

III – a possibilidade de superação física ou psicológica;

IV – os reflexos pessoais e sociais da ação ou da omissão;

V – a extensão e a duração dos efeitos da ofensa;

VI – as condições em que ocorreu a ofensa ou o prejuízo moral;

VII – o grau de dolo ou culpa;

VIII – a ocorrência de retratação espontânea;

IX – o esforço efetivo para minimizar a ofensa;

X – o perdão, tácito ou expresso;

XI – a situação social e econômica das partes envolvidas;

XII – o grau de publicidade da ofensa.

§ 1º Se julgar procedente o pedido, o juízo fixará a indenização a ser paga, a cada um dos ofendidos, em um dos seguintes parâmetros, vedada a acumulação:

I – ofensa de natureza leve, até três vezes o último salário contratual do ofendido;

II – ofensa de natureza média, até cinco vezes o último salário contratual do ofendido;

III – ofensa de natureza grave, até vinte vezes o último salário contratual do ofendido;

IV – ofensa de natureza gravíssima, até cinquenta vezes o último salário contratual do ofendido.

§ 2º Se o ofendido for pessoa jurídica, a indenização será fixada com observância dos mesmos parâmetros estabelecidos no § 1º deste artigo, mas em relação ao salário contratual do ofensor.

§ 3º Na reincidência entre partes idênticas, o juízo poderá elevar ao dobro o valor da indenização.'"

Dispõem os arts. 223-C e 223-G da CLT (com a redação dada pela Medida Provisória n. 808/2017, com vigência de 14.11.2017 a 23.04.2018):

'Art. 223-C. A etnia, a idade, a nacionalidade, a honra, a imagem, a intimidade, a liberdade de ação, a autoestima, o gênero, a orientação sexual, a saúde, o lazer e a integridade física são os bens juridicamente tutelados inerentes à pessoa natural.

'Art. 223-G. Ao apreciar o pedido, o juízo considerará:

I – a natureza do bem jurídico tutelado;

II – a intensidade do sofrimento ou da humilhação;

III – a possibilidade de superação física ou psicológica;

IV – os reflexos pessoais e sociais da ação ou da omissão;

V – a extensão e a duração dos efeitos da ofensa;

VI – as condições em que ocorreu a ofensa ou o prejuízo moral;

VII – o grau de dolo ou culpa;

VIII – a ocorrência de retratação espontânea;

IX – o esforço efetivo para minimizar a ofensa;

X – o perdão, tácito ou expresso;

XI – a situação social e econômica das partes envolvidas;

XII – o grau de publicidade da ofensa.

§ 1º Ao julgar procedente o pedido, o juízo fixará a reparação a ser paga, a cada um dos ofendidos, em um dos seguintes parâmetros, vedada a acumulação:

I – para ofensa de natureza leve – até três vezes o valor do limite máximo dos benefícios do Regime Geral de Previdência Social;

II – para ofensa de natureza média – até cinco vezes o valor do limite máximo dos benefícios do Regime Geral de Previdência Social;

III – para ofensa de natureza grave – até vinte vezes o valor do limite máximo dos benefícios do Regime Geral de Previdência Social; ou

IV – para ofensa de natureza gravíssima – até cinquenta vezes o valor do limite máximo dos benefícios do Regime Geral de Previdência Social.

§ 2º Se o ofendido for pessoa jurídica, a indenização será fixada com observância dos mesmos parâmetros estabelecidos no § 1º deste artigo, mas em relação ao salário contratual do ofensor

§ 3º Na reincidência de quaisquer das partes, o juízo poderá elevar ao dobro o valor da indenização.

§ 4º Para fins do disposto no § 3º, a reincidência ocorrerá se ofensa idêntica ocorrer no prazo de até dois anos, contado do trânsito em julgado da decisão condenatória.

§ 5º Os parâmetros estabelecidos no § 1º não se aplicam aos danos extrapatrimoniais decorrentes de morte." (NR)

COMENTÁRIOS

1º PONTO: Do direito intertemporal

Em respeito ao ato jurídico perfeito, ao direito adquirido e a segurança jurídica, a lei nova não se aplica aos contratos celebrados e nem as situações jurídicas ocorridas antes da sua vigência.

2º PONTO: Dos contratos novos e das inconstitucionalidades e antijuridicidades da lei

Por outro lado, mesmo para os novos contratos, constituídos a partir de 11.11.2017, as regras traçadas pelos artigos 223 da CLT estabelecidos pela Lei n. 13.467/2017 e do período de 14.11.2017 até 23.04.2018, pela Medida Provisória n. 808/2017 são de difícil aplicação e entendimento tal a carência de técnica legislativa e do total desconhecimento da natureza de categorias jurídicas e de conceitos jurídicos básicos revelada pelo legislador. Vejamos.

O art. 223-A da CLT (com redação dada pela Lei n. 13.467/2017) supramencionado peca *ab initio* de manifesta inconstitucionalidade ao mencionar que só as suas normativas se aplicariam a reparação de violação de direito morais ou da personalidade, na medida que o tema tem tratamento constitucional:

– Art. 5º, *caput* e incisos I, V (" – é assegurado o direito de resposta, proporcional ao agravo, além da indenização por dano material, moral ou à imagem") e X ("são invioláveis a intimidade, a vida privada, a honra e a imagem das pessoas, assegurado o direito a indenização pelo dano material ou moral decorrente de sua violação") e o inciso XII ("é inviolável o sigilo da correspondência e das comunicações telegráficas, de dados e das comunicações telefônicas, salvo, no último caso, por ordem judicial, nas hipóteses e na forma que a lei estabelecer para fins de investigação criminal ou instrução processual penal.")

Ademais, sempre, poder-se-á evitar o prequestionamento constitucional para declarar a ilegalidade ou ineficácia da norma por sua antijuridicidade na medida que a mesma está em desacordo com o sistema de proteção do trabalhador, previsto na CLT e no Código Civil. Assim, porque incompleta a normatização trabalhista de um direito fundamental e constitucional, por força do disposto no art. 4º da Lei de Introdução às Normas do Direito Brasileiro c/c art. 8º da CLT c/c arts. 1º, 3º, 6º 8º e 15 do CPC/2015, impõe-se a aplicação do art. 186 (*"Aquele que, por ação ou omissão voluntária, negligência ou imprudência, violar direito e causar dano a outrem, ainda que exclusivamente moral, comete ato ilícito"*) e art. 944 e parágrafo único do Código Civil (*"A indenização mede-se pela extensão do dano. Parágrafo único. Se houver excessiva desproporção entre a gravidade da culpa e o dano, poderá o juiz reduzir, equitativamente, a indenização"*), sob pena de transgredir e ultrajar o direito de natureza fundamental e constitucional.

3º PONTO: Impropriedades e antinomias da lei

O art. 223-B da CLT (com redação dada pela Lei n. 13.467/2017) contém três impropriedades.

Primeiro, embora ordinariamente caiba ao titular do direito a postulação em juízo, não é possível sob pena de violação da inafastabilidade do controle jurisdicional a exclusão da legitimação extraordinária prevista nas ações civis públicas e coletivas, postuladas em face uma situação de homogeneidade ou coletividade, sob pena de subtrair-lhe ou reduzir a possibilidade de acesso à justiça, lembrando sempre que se cuida de direitos de origem constitucional.

Segundo, no caso de morte do empregado decorrente de um acidente de trabalho ou doença profissional, a despeito de ter como causa de pedir remota a relação de emprego, a titularidade da reparação da perda moral é dos parentes e não do falecido, e, da mesma forma, não se pode privar deles da possibilidade de levar suas pretensões ao Judiciário (incisos XXXV do art. 5º da CF), inclusive, pelo fato de que forma inconstitucional e mais ilegítima estar-se-ia estabelecendo um óbice (literalmente) perverso de acesso a ordem jurídica justa, ou, obrigando a família ingressar no âmbito da esfera da Justiça Comum como reparação de direito próprio.

Terceiro, chega a ser folclórico a lei falar em danos na esfera moral ou existencial da pessoa jurídica.

Ora, a pessoa jurídica não tem psique (alma, espírito, mente) para que se possa falar em esfera moral e existencial.

E se valer a regra do art. 223-A da CLT de que, somente, os dispositivos fixados pela Lei n. 13.467/2017 teria aplicação, somado ao disposto no § 2º do art. 8º da CLT (introduzido pela Lei n. 13.467/2017, que fixa que o juiz não pode interpretar a lei) então, a pessoa jurídica por não ter esfera moral ou existencial não terá direito a nenhuma reparação por violação do direito de imagem ou de sigilo empresarial, cujo dano, no caso da pessoa jurídica – diferentemente da pessoa física que se dá *in re ipsa* – , sempre, pressupõe a demonstração do prejuízo econômico.

4º PONTO: Mais impropriedades e antinomias da lei

O art. 223-C da CLT, tanto no texto com a redação da Lei n. 13.467/2017 como na redação da Medida Provisória n. 808/2017, contém mais impropriedades.

Primeiro, não cuidou do nome da pessoa física que não se confunde com a imagem, e, segundo, tampouco, do sigilo de correspondência no caso da pessoa física, garantido pelo inciso XII do art. 5º da CF, portanto, resta claro que a disciplina da lei é materialmente incompleta, exigindo a aplicação subsidiária e supletiva de outros diplomas legais, no mínimo a CF, a Lei de Introdução às Normas do Direito Brasileiro e o Código Civil.

O art. 223-D da CLT (com a redação dada pela Lei n. 13.467/2017) contém mais impropriedades.

A pessoa jurídica não tem nome, e, sim, denominação social.

5º PONTO: De todos os agressores e da competência da Justiça do Trabalho para condenar o sócio ou o empregado assediador

Já o art. 223-E da CLT tem uma importante contribuição para dirimir equívocos por parte de corrente jurisprudencial no tocante a competência material e funcional da Justiça do Trabalho para que se inclua no polo passivo da reclamação trabalhista o agressor, o assediador moral ou sexual, como réu solidariamente com o próprio empregador, posto que estabelece que " São responsáveis pelo dano extrapatrimonial todos os que tenham colaborado para a ofensa ao bem jurídico tutelado, na proporção da ação ou da omissão."

O art. 223-E da CLT está de acordo com o art. 932 e 933 do Código Civil e resolve a questão da competência.

Até porque, a Justiça Cível comum que não detém competência material para conhecer de lide de natureza trabalhista. Mormente, ante os incisos VI e IX do artigo 114 da CF/88, que assim prelecionam:

"Art. 114. Compete à Justiça do Trabalho processar e julgar:

[...]

VI – as ações de indenização por dano moral ou patrimonial, decorrentes da relação de trabalho;

[...]

IX – outras controvérsias decorrentes da relação de trabalho, na forma da lei."

No mesmo sentido, o inciso IV do artigo 652, que sujeita à Justiça do Trabalho os "demais" dissídios concernentes ao contrato individual do trabalho, senão vejamos:

"**Art. 652** – Compete às Juntas de Conciliação e Julgamento:

[...]

IV – os demais dissídios concernentes ao contrato individual de trabalho;"

Por conseguinte, não há mais nenhuma dúvida diante do disposto no art. 223-E da CLT da competência material, em razão da pessoa e funcional da Justiça Trabalho, de maneira a viabilizar que se resolva integralmente a lide, (processo de resultados), também, em face do reclamado agressor, assediador direto e responsável solidário ou subsidiário com a empregadora, numa mesma lide e Justiça, inclusive, se for o caso, possibilitando o direito de regresso no mesmo processo.

Até porque, os fatos imputados decorrem e estão atrelados a relação de trabalho, dentro do ambiente laboral, portanto, enquadrando-se, tanto em razão de se tratar de uma ação de indenização decorrente da relação de trabalho; como, agora, de forma indubitável, enquadrado na hipótese do inciso IX, do art. 114, CF/88, que determina competência desta Especializada para apreciar/julgar outras controvérsias decorrentes da relação de trabalho, fixadas em lei, como fez explicitamente o art. 223-E da CLT.

6º PONTO: Qual base?

– Pela Lei n. 13.467/2017:

Os incisos do § 1º do art. 223-G da CLT, em conformidade com a redação dada pela Lei n. 13.467/2017, estabelecem que a indenização do dano a moral e personalidade terá por base "o último salário contratual do ofendido".

Qual último salário contratual do ofendido a ser postulado?

O legislador "esqueceu" que o salário pode ser classificado de acordo com diversos modos de sua aferição, v. g., por unidade de tempo ou por unidade de obra.

Também, não se ateve que a periodicidade do pagamento não se confunde com a própria unidade de tempo (no sentido que não tem relação direta com a obra realizada).

E não observou que a duração do serviço e a sua unidade de pagamento pode corresponder à hora, ao dia, à semana, à quinzena, ao mês, ao bimestre, ao trimestre (comissões), ao semestre (gratificação) ou ao ano (bônus).

Destaque-se que, de forma distinta e completa, o parágrafo único do art. 444 da CLT com a nova redação define "salário mensal", e, o art. 507-B da nova lei trata de pagamento anual.

Logo, a norma imposta pelo § 1º do art. 223 da CLT é claramente incompleta e inexequível, posto que o § 2º do art. 8º da CLT com a redação da nova lei, proíbe ao Judiciário que defina qual o salário contratual, posto que poderia estar criando ou restringindo direito.

Dessa forma, é uma norma meramente programática, exigindo sua integração pelas demais normas do ordenamento jurídico, retornando à fixação pela extensão do dano, conforme ditado pelo art. 944 do CCB que a única que se adequa aos preceitos constitucionais sobre a matéria (incisos V, X, XII e XXXV do art. 5º da CF).

– Pela Medida Provisória n. 808/2017 (vigência de 14.11.2017 a 23.04.2018):

Os incisos do § 1º do art. 223-G da CLT são incompatíveis e estabelecem antinomia com o § 2º do art. 223-G da CLT.

Isto porque a Medida Provisória n. 808/2017 não revogou o § 2º do art. 223-G fixado na Lei n. 13.467/2017.

E o § 1º do art. 223-G da CLT determina que a indenização do dano à moral e a personalidade terá por base o valor máximo dos benefícios da Previdência social a ser paga a cada ofendido, enquanto o § 2º do art. 223-G da CLT afirma que, na verdade, no caso da pessoa jurídica terá por base o salário contratual do ofensor?!?

Ou seja, ao estabelecer bases salariais díspares ao que parece incide em violação ao princípio da igualdade.

Ademais, no que concerne a pessoa jurídica a indenização se mostra inexequível, posto que o legislador não indicou qual salário contratual do ofendido a ser reclamado?

O legislador *"esqueceu"* que o salário pode ser classificado de acordo com diversos modos de sua aferição, *v.g.*, por unidade de tempo ou por unidade de obra.

Também, não se ateve que a periodicidade do pagamento não se confunde com a própria unidade de tempo (no sentido que não tem relação direta com a obra realizada).

E não observou que a duração do serviço e a sua unidade de pagamento pode corresponder à hora, ao dia, à semana, à quinzena, ao mês etc.

Destaque-se que, de forma distinta e completa, o parágrafo único do art. 444 da CLT com a nova redação define "salário mensal", e, o art. 507-B da nova lei trata de pagamento anual.

Logo, a norma imposta pelos §§ 1º e 2º do art. 223-G da CLT é claramente incompleta e inexequível, posto que o § 2º do art. 8º da CLT com a redação da nova lei, proíbe ao Judiciário que defina qual o salário contratual, posto que poderia estar criando ou restringindo direito.

Dessa forma, é uma norma meramente programática, exigindo sua integração pelas demais normas do ordenamento jurídico, retornando à fixação pela extensão do dano, conforme ditado pelo art. 944 do CCB que é a única regra jurídica que se adequa aos preceitos constitucionais sobre a matéria (incisos V, X, XII e XXXV do art. 5º da CF).

7º PONTO: O que seria ofensa de natureza leve, média, grave e gravíssima?

Por outro lado, inserindo conceitos indeterminados e abertos a definição do que seja ofensa leve, média, grave ou gravíssima incide em mais outra antinomia contida na própria Lei n. 13.467/217, pois, exige interpretação judicial o que seria proibido pelo § 2º do art. 8º da CLT.

Por mais esse motivo, o mencionado preceito legal nasceu natimorto por ser inexequível, trazendo a necessidade da aplicação subsidiária do art. 944 do CCB que se adequa aos preceitos constitucionais sobre a matéria (incisos V, X, XII e XXXV do art. 5º da CF).

DA SITUAÇÃO DE INSALUBRIDADE E DAS GESTANTES E LACTANTES

Dispõe o art. 394, *caput*, incisos e §§ da CLT (com a redação dada pela Lei n. 13.467/2017):

"Art. 394-A. Sem prejuízo de sua remuneração, nesta incluído o valor do adicional de insalubridade, a empregada deverá ser afastada de:

I – atividades consideradas insalubres em grau máximo, enquanto durar a gestação;

II – atividades consideradas insalubres em grau médio ou mínimo, quando apresentar atestado de saúde, emitido por médico de confiança da mulher, que recomende o afastamento durante a gestação;

III – atividades consideradas insalubres em qualquer grau, quando apresentar atestado de saúde, emitido por médico de confiança da mulher, que recomende o afastamento durante a lactação.

§ 1º ....

§ 2º Cabe à empresa pagar o adicional de insalubridade à gestante ou à lactante, efetivando-se a compensação, observado o disposto no art. 248 da Constituição Federal, por ocasião do recolhimento das contribuições incidentes sobre a folha de salários e demais rendimentos pagos ou creditados, a qualquer título, à pessoa física que lhe preste serviço.

§ 3º Quando não for possível que a gestante ou a lactante afastada nos termos do *caput* deste artigo exerça suas atividades em local salubre na empresa, a hipótese será considerada como gravidez de risco e ensejará a percepção de salário-maternidade, nos termos da Lei n. 8.213, de 24 de julho de 1991, durante todo o período de afastamento." (NR)

Dispõem o art. 394, *caput*, incisos e §§ da CLT (com a redação dada pela Medida Provisória n. 808/2017, com vigência de 14.11.2017 a 23.04.2018):

"Art. 394-A. A empregada gestante será afastada, enquanto durar a gestação, de quaisquer atividades, operações ou locais insalubres e exercerá suas atividades em local salubre, excluído, nesse caso, o pagamento de adicional de insalubridade.

§ 1º ....

§ 2º O exercício de atividades e operações insalubres em grau médio ou mínimo, pela gestante, somente será permitido quando ela, voluntariamente, apresentar atestado de saúde, emitido por médico de sua confiança, do sistema privado ou público de saúde, que autorize a sua permanência no exercício de suas atividades.

§ 3º A empregada lactante será afastada de atividades e operações consideradas insalubres em qualquer grau quando apresentar atestado de saúde emitido por médico de sua confiança, do sistema privado ou público de saúde, que recomende o afastamento durante a lactação."

COMENTÁRIOS

1º PONTO: Do direito intertemporal

A lei nova não se aplica aos contratos celebrados antes da sua vigência.

2º PONTO: Princípio da dignidade da pessoa humana e da proteção do feto

Os princípios são mais importantes que as próprias regras formais. Os juízes não podem contrariar os princípios que encarnam a moralidade objetiva da sociedade.

Os princípios prevalecem sobre as normas positivas impondo uma interpretação adequada e atualizada da lei, particularmente, em atenção a dignidade da pessoa humana, não admitindo que a lei ofenda a princípios fundamentais do ordenamento jurídico.

Não se pode admitir que a lei venha estabelecer o direito de comprar a irresponsabilidade ou o direito de prejudicar os outros, como ocorria na redação original do art. 394-A fixado pela Lei n. 13.467/2017.

De fato, dispõe o III do art. 1º da CF:

"Art. 1º A República Federativa do Brasil, formada pela união indissolúvel dos Estados e Municípios e do Distrito Federal, constitui-se em Estado Democrático de Direito e tem como fundamentos:

I – a soberania;

II – a cidadania

III – a dignidade da pessoa humana;"

E, ainda, fixa o inciso XXII do art. 7º da CF.

"XXII – redução dos riscos inerentes ao trabalho, por meio de normas de saúde, higiene e segurança;"

Sem mencionar, ainda, a *ratio legis* alínea *b* do inciso II do art. 10º do ADT da CF.

"Art. 10. Até que seja promulgada a lei complementar a que se refere o art. 7º, I, da Constituição:

I – fica limitada a proteção nele referida ao aumento, para quatro vezes, da porcentagem prevista no art. 6º, *caput* e § 1º, da Lei n. 5.107, de 13 de setembro de 1966;

II – fica vedada a dispensa arbitrária ou sem justa causa:

a) do empregado eleito para cargo de direção de comissões internas de prevenção de acidentes, desde o registro de sua candidatura até um ano após o final de seu mandato;

b) da empregada gestante, desde a confirmação da gravidez até cinco meses após o parto".

Dos Descansos

Dispõe o § 2º do art. 396 da CLT (com a redação dada pela Lei n. 13.467/2017):

"Art. 396. ....

§ 1º ....

§ 2º Os horários dos descansos previstos no *caput* deste artigo deverão ser definidos em acordo individual entre a mulher e o empregador." (NR)

COMENTÁRIOS

1º PONTO: Do direito intertemporal

A lei nova não se aplica aos contratos celebrados antes da sua vigência.

2º PONTO: Princípio da dignidade da pessoa humana e da proteção da criança

A aplicação do § 2º do art. 396 da CLT aos contratos novos não pode ser feita de forma a contrariar os princípios da dignidade da pessoa humana que encarnam a moralidade objetiva da sociedade e os direitos fundamentais e cláusula pétrea da CF.

Do Trabalho Autônomo

Dispõe o art. 442 da CLT (com a redação dada pela Lei n. 13.467/2017):

"Art. 442-B. A contratação do autônomo, cumpridas por este todas as formalidades legais, com ou sem exclusividade, de forma contínua ou não, afasta a qualidade de empregado prevista no art. 3º desta Consolidação."

Dispõe o art. 442 da CLT (com a redação dada pela Medida Provisória n. 808/2017, com vigência de 14.11.2017 a 23.04.2018):

"Art. 442-B. A contratação do autônomo, cumpridas por este todas as formalidades legais, de forma contínua ou não, afasta a qualidade de empregado prevista no art. 3º desta Consolidação.

§ 1º É vedada a celebração de cláusula de exclusividade no contrato previsto no *caput*.

§ 2º Não caracteriza a qualidade de empregado prevista no art. 3º o fato de o autônomo prestar serviços a apenas um tomador de serviços.

§ 3º O autônomo poderá prestar serviços de qualquer natureza a outros tomadores de serviços que exerçam ou não a mesma atividade econômica, sob qualquer modalidade de contrato de trabalho, inclusive como autônomo.

§ 4º Fica garantida ao autônomo a possibilidade de recusa de realizar atividade demandada pelo contratante, garantida a aplicação de cláusula de penalidade prevista em contrato.

§ 5º Motoristas, representantes comerciais, corretores de imóveis, parceiros, e trabalhadores de outras categorias profissionais reguladas por leis específicas relacionadas a atividades compatíveis com o contrato autônomo, desde que cumpridos os requisitos do *caput*, não possuirão a qualidade de empregado prevista o art. 3º.

§ 6º Presente a subordinação jurídica, será reconhecido o vínculo empregatício.

§ 7º O disposto no *caput* se aplica ao autônomo, ainda que exerça atividade relacionada ao negócio da empresa contratante." (NR)

COMENTÁRIOS

1º PONTO: Do direito intertemporal

A lei nova não se aplica aos contratos celebrados antes da sua vigência.

2º PONTO: Da fraude e da subordinação própria da relação de emprego

A exclusividade, ou, não nunca foi fato determinante para a caracterização da relação de emprego, de forma que o § 1º do art. 442-B da CLT vem laborar no vazio.

A continuidade, também, não é fator determinante para a configuração da relação de emprego, mas, sim, a habitualidade que é aspecto mais genérico.

Aliás, a própria Lei n. 13.467/2017 afastou a relevância da continuidade para a caracterização da relação de emprego, acentuando a habitualidade, uma vez que passou a considerar o trabalho intermitente como contrato de emprego, conforme dispõe o art. 452-A da CLT.

O que importa é a presença da subordinação. Estando caracterizada a subordinação fica afastada a possibilidade de se falar em contratação de autônomo.

E a recusa de algum serviço, pelo padrão normativo apresentado e incorporado pela nova lei, também, deixou de ter relevância, por si só (ou seja, sem outros elementos), para a descaracterização da autonomia (§ 4º do art. 442-B da CLT), ou, da subordinação própria da relação de emprego à vista do que passou a dispor o § 3º do art. 452-A da CLT ("A recusa da oferta não descaracteriza a subordinação para fins do contrato de trabalho intermitente").

Finalmente, não tem por que a CLT tratar de trabalho autônomo, matéria típica do Código Civil, e, pior, ainda, para garantir aplicação de penalidade contratual. Assim, a matéria tratada tanto no texto da Lei n. 13.467/2017, quanto no período de vigência (14.11.2017 a 23.04.2018) da Medida Provisória n. 808/2017, inclusive, no § 4º do art. 442-B da CLT incorre em inconstitucionalidade material na medida que não cabe e nem há competência legislativa em razão da matéria a CLT para tratar e disciplinar a regularidade de contratos de direito civil.

XXII

Do Trabalho Intermitente

Dispõem o art. 443 e § 3º da CLT (com a redação dada pela Lei n. 13.467/2017).

"Art. 443. O contrato individual de trabalho poderá ser acordado tácita ou expressamente, verbalmente ou por escrito, por prazo determinado ou indeterminado, ou para prestação de trabalho intermitente.

....

§ 3º Considera-se como intermitente o contrato de trabalho no qual a prestação de serviços, com subordinação, não é contínua, ocorrendo com alternância de períodos de prestação de serviços e de inatividade, determinados em horas, dias ou meses, independentemente do tipo de atividade do empregado e do empregador, exceto para os aeronautas, regidos por legislação própria." (NR)

COMENTÁRIOS

1º PONTO: Do direito intertemporal

Em se tratando de situação jurídicas ancorada no ato jurídico perfeito (contrato) – ou seja, não sendo o caso de situações institucionais/estatutárias – a lei nova (Lei n. 13.467/2017 e a Medida Provisória n. 808/2017) não se aplica aos contratos celebrados antes da sua vigência, sob pena de violação do ato jurídico perfeito e de direitos adquiridos protegidos pelo inciso XXXVI do art. 5º da CF.

2º PONTO: Contrato intermitente tácito – antinomia com o art. 29 da CLT = condição especial

De acordo o art. 29 da CLT a condição especial do contrato de trabalho intermitente exige forma prescrita em lei, ou seja, deverá obrigatoriamente constar no contrato individual de trabalho, bem como, na CTPS como condição especial, a que se refere o art. 29 da CLT ("Art. 29-A Carteira de Trabalho e Previdência Social será obrigatoriamente apresentada, contra recibo, pelo trabalhador ao empregador que o admitir, o qual terá o prazo de quarenta e oito horas para nela anotar, especificamente, a data de admissão, a remuneração e **as condições especiais,** se houver, sendo facultada a adoção de sistema manual, mecânico ou eletrônico, conforme instruções a serem expedidas pelo Ministério do Trabalho.").

Nesse sentido, a regra do art. 443 da CLT com a redação da Lei n. 13.467/2017 traz uma antinomia com o art. 29 da CLT, posto que o art. 443 menciona a possibilidade do contrato de trabalho intermitente verbal.

3º PONTO: Contrato intermitente tácito – antinomia com o art. 452-A da CLT = contrato escrito

De acordo o art. 452-A da CLT (com redação da Lei n. 13.467/2017 já alterada pela Medida Provisória n. 808/2017) o contrato de trabalho intermitente exige forma prescrita em lei e registro na CTPS: "O contrato de trabalho intermitente será celebrado por escrito e registrado na CTPS, ainda que previsto acordo coletivo ou convenção coletiva, e conterá..."

Nesse sentido, a regra do art. 443 da CLT com a redação da Lei n. 13.467/2017 (já com a alteração da Medida Provisória n. 808/2017) traz uma antinomia com o art. 452-A da CLT com a redação da lei nova, posto que o art. 443 da CLT menciona a possibilidade do contrato de trabalho intermitente tácito, ou seja, verbal.

No entanto, tratando-se de condição especial de trabalho, conforme determina o art. 29 e o art. 452-A da CLT, que estabelece uma condição *in pejus* ao contrato regular de trabalho, a interpretação dessa antinomia deverá se dar no sentido de que a forma escrita e o registro expresso dessa modalidade contratual na CTPS é condição essencial legal sem a qual o ato/negócio jurídico não terá validade, nos termos do que estabelece o inciso III do art. 104 e o art. 107 do Código Civil.

4º PONTO: Distinção entre habitualidade e continuidade

O art. 443 da CLT com a redação da Lei n. 13.467/2017 traz uma distinção entre a habitualidade e continuidade, sendo necessária aquela (habitualidade, ainda, que descontínua e com alternância e inatividade) e não está (continuidade) como elemento configurador do elo empregatício.

Desse modo, o novo art. 443 da CLT ampliou o conceito de habitualidade distinguindo-o da mera continuidade ininterrupta ou sem inatividade.

5º PONTO: Novo enfoque para a recusa que por si só não é elemento indicativo de autonomia (ou não subordinação)

Vale a pena, na sequência, desde logo, trazer a exame o § 3º do art. 452 da CLT com a redação da Lei n. 13.467/2017 que traz um novo enfoque e padrão normativo para o tratamento da subordinação não mais relacionada, pura e simplesmente, a uma mera recusa de determinado e específico serviço como elemento desconfigurador da relação de emprego.

6º PONTO: Do intermitente doméstico

O art. 1º da Lei Complementar n. 150, de 01.06.2015, estabelece:

> "Art. 1º Ao empregado doméstico, assim considerado aquele que presta serviços de forma contínua, subordinada, onerosa e pessoal e de finalidade não lucrativa à pessoa ou à família, no âmbito residencial destas, **por mais de 2 (dois) dias por semana, aplica-se o disposto nesta Lei.** "

Dessa forma, não se aplica a lei do empregado doméstico aqueles trabalhadores que trabalhem por até 2 (dois) dias por semana, para entidade familiar e no âmbito residencial.

Consequentemente, se a lei especial dos domésticos não é aplicável aos trabalhadores que laborem até 2 (dois) dias por semana para entidade familiar, é aplicável a lei geral, ou seja, a CLT.

E, nesse caso, configurada estará a categoria jurídica do empregado intermitente no âmbito residencial, nesse caso a aplicação poderia se dar sem o elemento formal, pois, se daria *in melius* ao vácuo jurídico, surgindo a obrigação de se proceder ao registro e a outorga dos direitos laborais pertinentes ao trabalhador intermitente.

Isto porque, no caso do trabalhador intermitente a relação de emprego estará formada "independentemente da atividade do empregado e do empregador", com única exclusiva exceção dos aeronautas, conforme explicitamente determina o § 3º do art. 443 da CLT (§ 3º Considera-se como intermitente o contrato de trabalho no qual a prestação de serviços, com subordinação, não é contínua, ocorrendo com alternância de períodos de prestação de serviços e de inatividade, determinados em horas, dias ou meses, independentemente do tipo de atividade do empregado e do empregador, exceto para os aeronautas, regidos por legislação própria.")

Da Artificial Autonomia da Vontade = da Inconstitucional, Antijurídica e Antiética Ação Afirmativa Negativa

Dispõe o parágrafo único do art. 444 da CLT (com a redação dada pela Lei n. 13.467/2017):

"Art. 444. ....

Parágrafo único. A livre estipulação a que se refere o *caput* deste artigo aplica-se às hipóteses previstas no art. 611-A desta Consolidação, com a mesma eficácia legal e preponderância sobre os instrumentos coletivos, no caso de empregado portador de diploma de nível superior e que perceba salário mensal igual ou superior a duas vezes o limite máximo dos benefícios do Regime Geral da Previdência Social."

COMENTÁRIOS

1º PONTO: Do direito intertemporal

Em se tratando de situação jurídicas ancorada no ato jurídico perfeito (contrato) – ou seja, não sendo o caso de situações institucionais/estatutárias – a lei nova (Lei n. 13.467/2017 e a Medida Provisória n. 808/2017) não se aplica aos contratos celebrados antes da sua vigência, sob pena de violação do ato jurídico perfeito e de direitos adquiridos protegidos pelo do inciso XXVI do art. 5º da CF.

Isto porque, se a lei alcançar os efeitos futuros de contratos celebrados anteriormente a ela, será essa lei retroativa (retroatividade mínima) porque vai intervir na causa, que é um ato ou fato ocorrido no passado.

De forma, que a aplicação dessas regras da lei nova para os contratos já constituídos, ao tempo da lei anterior, importaria em violação da segurança jurídica, o ato jurídico perfeito e de situações jurídicas e direitos adquiridos protegidos pelo inciso XXXVI do art. 5º da CF.

Realmente, não há dúvida de que, se a lei alcançar os efeitos futuros dos contratos celebrados anteriormente a ela, será essa lei retroativa porque vai interferir na causa, que é um ato ou fato ocorrido no passado. Nesse caso, a aplicação imediata se faz, mas com efeito retroativo.

Tendo em vista que a lei nova não se aplica aos contratos celebrados antes da sua vigência, por conta da regra de direito intertemporal e a impossibilidade de se atingir ato jurídico perfeito, como é o contrato de trabalho constituído antes da vigência da Lei n. 13.467/2017, a disciplina jurídica da alteração contratual *in pejus* se fará de acordo com o regramento contratual e legal impositivo que se incorporou ao contrato de trabalho.

Com efeito, os contratos de trabalho constituídos ou assinados antes da vigência da Lei n. 13.467/2017 (11.11.2017), têm como impostas contratualmente (ato jurídico perfeito) e, ainda, que escoradas pela lei anterior (– direito adquirido a determinado *status* jurídico ou a segurança jurídica – arts. 444 e 468 da CLT) certas cláusulas obrigatórias – como que as alterações contratuais ainda que bilaterais, sem distinção do nível de progressão do sistema de ensino ou do padrão salarial, se prejudiciais ao empregado não tem validade (são nulas) – , que passam a integrar o contrato de trabalho como fruto da vontade, e, consequentemente, daí resulta que esse contrato com essa cláusula, como ato jurídico perfeito, tem seus efeitos (ainda que futuros) postos a salvo de modificações que a nova lei faça com relação a tais cláusulas.

"Apesar de impostas pela lei certas cláusulas como obrigatórias num contrato, uma vez apostas a ele passam a integrá-lo como fruto da vontade inclusive da parte que a ele adere, e, consequentemente, daí resulta que esse contrato, como ato jurídico perfeito, tem os seus efeitos futuros postos a salvo de modificações que a lei nova faça com relação a tais cláusulas, as quais somente são imperativas para os contratos que vierem a celebrar-se depois de sua entrada em vigor."

"Essa distinção que impõe às partes contratantes a adoção de cláusulas contratuais imperativas. Nem por isso essas cláusulas deixam de integrar o contrato, que, com o ato jurídico perfeito, está a salvo das modificações posteriores que outras leis infraconstitucionais venham impor na redação dessas cláusulas."

2º PONTO: Da inconstitucionalidade da distinção entre pessoas e trabalhadores por conta do grau de escolaridade e do padrão de remuneração (*caput* e inciso I do art. 5º da CF) = princípio da igualdade = proibição de distinção de qualquer natureza = ações afirmativas são ações positivas (*in melius*) para compensar desigualdades e possibilitar o acesso a direitos outorgados pela lei = não existem ações afirmativas negativas (*in pejus*) para garantir a exclusão de direitos outorgados pela lei

Dispõe o *caput* e inciso I do art. 5º da CF:

"Art. 5º Todos são iguais perante a lei, sem distinção de qualquer natureza, garantindo-se aos brasileiros e aos estrangeiros residentes no País a inviolabilidade do direito à vida, à liberdade, à igualdade, à segurança e à propriedade, nos termos seguintes:

I – homens e mulheres são iguais em direitos e obrigações, nos termos desta Constituição;"

Assim, como se extrai da leitura do *caput* do art. 5º da CF, "todos são iguais perante a lei, SEM DISTINÇÃO DE QUALQUER NATUREZA..."

Portanto, não é possível autorizar um tratamento desigual de trabalhadores perante a lei, por conta de distinção de escolaridade e padrão remuneratório.

Ou seja, só é admissível que a lei ordinária estabeleça uma ação afirmativa (positiva) ou tratamento *in melius*: para compensar desigualdade de determinada categoria de pessoas.

Jamais a lei ordinária poderá autorizar um tratamento "*in pejus*" em face da lei em detrimento e prejuízo de determinada e específica categoria de pessoas (inconstitucional ação afirmativa com cunho negativo/discriminatório).

E, ainda, como estabelece o inciso I do art. 5º da CF, homens e mulheres sem distinção de classe social (padrão de remuneração e escolaridade) são iguais perante à lei, não sendo possível autorizar a prevalência do negociado sobre o legislado para homens e mulheres, apenas e tão somente, por conta da classe social que ocupam (grau de escolaridade e remuneração).

Trata-se de uma tentativa de criar um falso mito (ético e moralmente cegos) de que o "jogo" estaria desequilibrado em favor desses empregados "letrados" e "abonados" que não merecem proteção diante do "fragilizado" e "vulnerável" Poder Econômico e Financeiro da parte que detêm os bens de produção e o capital e o poder diretivo subordinante.

3º PONTO: Da inconstitucionalidade da distinção da proteção constitucional ao trabalhador independente do grau de escolaridade e do padrão de remuneração (*caput* e incisos do art. 7º da CF)

Dispõe o *caput* do art. 7º da CF:

"Art. 7º São direitos dos trabalhadores urbanos e rurais, além de outros que visem à melhoria de sua condição social:"

Como se extrai da leitura do *caput* do art. 7º da CF, a Carta Magna ao proteger os direitos do trabalho, por sua própria natureza (direitos trabalhistas), e, ainda, ao fixar direitos, não autoriza a possibilidade que a lei ordinária possa estabelecer uma distinção entre empregados por conta do grau de escolaridade ou de remuneração, de maneira que se permitisse a estipulação por lei ordinária da prevalência do negociado sobre o legislado em situação prejudicial, ou seja, em detrimento da melhoria da condição social programada pelo legislado, apenas, por conta do fator da maior remuneração ou escolaridade.

Ao contrário, o art. 7º da CF em nenhum momento apresenta tal distinção:

"Art. 7º São direitos dos trabalhadores urbanos e rurais, além de outros que visem à melhoria de sua condição social

4º PONTO: Da inconstitucionalidade da distinção da proteção constitucional ao trabalhador independente do grau de escolaridade e do padrão de remuneração (*caput* e incisos do art. 7º e inciso II do art. 8º da CF)

Na verdade, a Constituição Federal quando quis excepcionar a aplicação ou autorizar alteração nos padrões mínimos estabelecidos no art. 7º da CF, apenas e tão somente, o fez de forma geral e agregada por força de intervenção sindical, jamais por conta de distinção de trabalhadores em decorrência da remuneração ou escolaridade, consoante estabelecem os incisos VI, XIV e XXVI do art. 7º da CF:

"VI – irredutibilidade do salário, salvo o disposto em convenção ou acordo coletivo;

XIV – jornada de seis horas para o trabalho realizado em turnos ininterruptos de revezamento, salvo negociação coletiva";

XXVI – reconhecimento das convenções e acordos coletivos de trabalho".

Ademais, a CF, no inciso II do art. 8º, veda ao próprio sindicato a atuação que não seja na defesa dos direitos individuais e coletivos dos trabalhadores, ou seja, não autoriza negociações coletivas, em prejuízo do legislado, salvo nas hipóteses, expressamente, autorizadas pela Carta Magna:

"Art. 8º (...) II – ao sindicato cabe a defesa dos direitos e interesses coletivos ou individuais da categoria, inclusive em questões judiciais ou administrativas;"

Registre-se que mesmo o item II do art. 62 da CLT não distingue os trabalhadores, pura e simplesmente, pelo grau de escolaridade e pelo padrão salarial: o que é relevante, para a exclusão do regime das horas extras, é a distinção da natureza efetiva da prestação de serviços por alguém que exerça cargo de gestão e, nesse sentido, tenha um cargo e desenvolva atividade incompatível com o controle de horário já que a ele incumbe tal controle e não se sujeita a fiscalização de horário, sob pena de restar desfigurado o cargo de confiança, independentemente do grau de escolaridade ou puramente do padrão remuneratório.

Basta se pensar na realidade dos empregados que ascendem na carreira pelos denominados cargos em Y, onde não detêm nenhum tipo de gestão empresarial e de pessoal, até por não terem essa característica de personalidade ou simplesmente não desejarem essa função, mas, destacam-se, apenas, por questões técnicas.

5º PONTO: Do instituto da lesão e do estado de perigo – vício objetivo (arts. 156 e 157 do CCB e art. 51 do CDC) – conceitos amortecedores ou válvulas de segurança (técnicas) do sistema da equidade

O Direito do Trabalho já agasalhava a teoria do vício objetivo pela desproporção das obrigações/prestações nos artigos 9º, 444 e 468 da CLT.

E essa teoria do vício objetivo foi copiada pelo novo Código Civil, mediante as figuras do instituto da lesão e do estado de perigo.

É elementar que nenhum empregado renuncia ao regime de trabalho abrindo mão de parcela substancial da sua remuneração, como por exemplo, ao invés de receber parcela mensal passar a receber prêmios semestrais que a princípio (§ 2º do art. 457 da CLT com a redação da Lei n. 13.467/2071 com a Medida Provisória n. 808/2017) perderam a natureza salarial, sem considerar as perdas decorrentes das repercussões, *v.g.*, em férias (com 1/3), 13º mês e FGTS.

De fato, é irracional supor que o empregado venha a renunciar à parte importante da sua remuneração mensal, por nada, ou seja, sem contrapartida.

Patente, assim, a possibilidade de restar evidenciado o vício objetivo (independentemente do vício subjetivo da vontade) pelo estado de perigo (art. 156 do CCB) e pela lesão (art. 157 Código Civil), respectivamente, decorrente do estado de perigo (dele e da sua família) e do estado de necessidade, por conta da ameaça da perda do emprego e desse meio de subsistência.

Aliás, a ausência de contraprestação patronal (anti-juridicamente admitida no art. 611-A da CLT, e, que, de forma antiética, gera enriquecimento e empobrecimento a cada uma das partes envolvidas) deixará a toda evidência, não apenas o vício subjetivo, como o vício objetivo face a total e completa desproporção das obrigações e prestações, na medida que somente o empregado é que abre mão de direitos e fica com o prejuízo.

Nesse sentido, pelos arts. 156 e 157 do Código Civil e mesmo pelo art. 51 do Código de Defesa do Consumidor são consideradas nulas de pleno direito as cláusulas contratuais que estabeleçam obrigações consideradas iníquas, abusivas, que colocam o empregado em desvantagem e, que, por isso, são incompatíveis com a boa-fé ou a equidade, princípio ético e imperativo moral inafastável do direito e processo do trabalho.

O regramento dos arts. 157 e 158 do Código Civil e mesmo o art. 51 do Código de Defesa do Consumidor (aplicados subsidiariamente – art. 8º da CLT), poderá levar a se declarar como objetivamente nula – tendo em vista os princípios fixados nos mencionados dispositivos legais que vedam e taxam como nula as situações nas quais decorre uma desproporção, prejuízo e onerosidade excessiva entre as obrigações/prestações – as alterações contratuais abusiva e sem contraprestação que gerem desequilíbrio contratual, jurídico, econômico e financeiro.

6º PONTO: Dos abusos e exceções e das condições excessivamente onerosas = conceitos amortecedores = a finalidade do contrato

O abuso de direito e a onerosidade excessiva derivada do dogma da autonomia da vontade autoriza a intervenção do juiz para reestabelecer a equidade e o equilíbrio contratual verdadeira finalidade dos contratos, sob pena de se admitir que a prevalência do negociado sobre o legislado, numa relação individual de trabalho, possa prejudicar direitos individuais e sociais garantidos constitucionalmente.

Sendo que o que se deve observar na proteção dos direitos trabalhistas garantidos como direitos fundamentais pela Constituição Federal é a preservação de sua densidade e não apenas sua manutenção na forma ou na aparência, impedindo o esvaziamento de seu conteúdo por meio de mecanismos legais infraconstitucionais espúrios.

Dessa maneira, a liberdade de contratar – firmar ou não um contrato – não se confunde com a liberdade contratual, de fixar cláusulas reguladoras do contrato que representem abuso de direito e a onerosidade excessiva em prejuízo de direitos individuais e sociais legal garantidos.

Há sempre que se estabelecer uma interpretação construtiva do conteúdo da vontade, tendo em visa a justiça social e a proteção e garantia dos direitos individuais e sociais, que são as finalidades precípuas do direito.

XXIV

Da Sucessão Empresarial (da Empresa Camaleônica)

Dispõem o art. 448-A e seu parágrafo único da CLT (com a redação dada pela Lei n. 13.467/2017):

> "Art. 448-A. Caracterizada a sucessão empresarial ou de empregadores prevista nos arts. 10 e 448 desta Consolidação, as obrigações trabalhistas, inclusive as contraídas à época em que os empregados trabalhavam para a empresa sucedida, são de responsabilidade do sucessor.
>
> Parágrafo único. A empresa sucedida responderá solidariamente com a sucessora quando ficar comprovada fraude na transferência."

COMENTÁRIOS

1º PONTO: Do direito intertemporal

A lei nova não se aplica aos contratos celebrados antes da sua vigência.

Isto porque, se a lei alcançar os efeitos futuros de contratos celebrados anteriormente a ela, será essa lei retroativa (retroatividade mínima) porque vai intervir na causa, que é um ato ou fato ocorrido no passado.

Ademais, a alteração da responsabilidade patrimonial para prejudicar credores ou dificultar o acesso à justiça não pode violar direito adquirido.

De forma, que a aplicação dessas regras da lei nova para os contratos e processos já constituídos ao tempo da lei anterior, importaria em violação do ato jurídico perfeito e ao direito adquirido. Protegidos pelo inciso XXXVI do art. 5º da CF.

Realmente, não há dúvida de que, se a lei alcançar os efeitos futuros dos contratos (e regras de direito processual material no que diz respeito aos processos) celebrados anteriormente a ela, será essa lei retroativa porque vai interferir na causa, que é um ato ou fato ocorrido no passado. Nesse caso, a aplicação imediata se faz, mas com efeito retroativo.

Destaque-se que, atualmente, são tantos os mecanismos e instrumentos utilizados pela pós-moderna reengenharia societária das empresas, com incessantes fusões, aquisições, cisões, alterações, diferentes modelos societários camaleônicos com uma infinidade de empresas e sócios (pessoas jurídicas e físicas) interpostas que se pode falar do modelo societário *"Houdini"* que as empresas atuais e retirantes nunca são alcançadas ou encontradas depois de algum tempo.

Até por isso, se constata que, apenas, 20% (vinte por cento) das execuções trabalhistas chegam ao final com a dação completa da prestação jurisdicional.

Até porque, hoje em dia, o controle societário das empresas é estabelecido por acionistas impacientes oriundos de enormes fundos ou bancos para os quais a mudança que agita o mercado de ações dá mais lucro e é mais rápida do que desenvolver a atividade empresarial.

2º PONTO: Com relação aos processos pendentes

Não se pode impor uma lei nova que altere as regras da responsabilidade programadas pela lei vigente ao tempo da propositura da ação, ou seja, que subtraia bens à responsabilidade patrimonial, excluindo, restringindo ou eliminando a responsabilidades patrimonial da empresa, anteriormente, prevista pela lei velha e pela jurisprudência ao tempo da propositura da demanda, uma vez que se comprometeria fatalmente o direito de acesso à justiça no caso concreto gerando o cancelamento de direitos substanciais da parte.

Ou seja, a aplicação da lei nova eliminaria ou restringiria de forma insuportável a efetividade da situação criada por norma bifronte (responsabilidade patrimonial), transgredindo as garantias de preservação que configuram verdadeiros direitos adquiridos protegidos constitucionalmente (inciso XXXVI do art. 5º da CF).

Nesse sentido, a exclusão da responsabilidade patrimonial e os bens a proporcionar à satisfação da tutela jurisdicional no que diz respeito aos processos pendentes por conta da distinta disciplina fixada pela lei nova importa exclusão da própria tutela jurisdicional, e, por isso, representa ultraje e violação à garantia constitucional outorgada pelos incisos XXXV e XXXVI do art. 5º da CF (sempre que não seja possível atingir o patrimônio para satisfazer a tutela jurisdicional por conta da nova disciplina da responsabilidade patrimonial).

3º PONTO: Com relação aos novos processos = a questão da fraude trabalhista

A concepção de fraude, abuso de direito, ato ilícito e/ou infração à lei para o direito material e processual do trabalho se dá pela mera ocorrência do inadimplemento ou da falta de pagamento de direitos trabalhistas, concepção absolutamente diferenciada e oposta ao adotado pelo direito civil.

Na verdade, a grande diferença se dá no entendimento que o sistema trabalhista adota na concepção da configuração do ato ilícito, de abuso, de desvio, da infração à lei ou de fraude necessários a se chegar a desconsideração da personalidade jurídica e atingir sócios atuais e retirantes à concepção adotada pelas Cortes que apreciam tais conceitos pelo viés do direito comum.

A distinção ou diferenciação da concepção da configuração para cada ramo do direito de cada instituto deve se dar em consonância com os valores especificamente considerados por cada ordenamento material e processual. Ou seja, infenso às influências do modo de ser do direito material posto à base da pretensão processual e os valores específicos da realidade fática, axiológica, lógica da relação jurídica material e processual que tem por objeto.

Portanto, é bom que se diga, que é necessária a apreciação diferenciada que é feita pelos dois sistemas, até porque o direito do trabalho encontrou uma solução e um conceito singular de empresa/empregador próprio aos valores do sistema laboral ao fazer uma simbiose particular da figura (e do patrimônio presente e futuro) da pessoa física do empresário com a pessoa jurídica ao tratar do empregador, ou, a empresa como empregador, o que não é existe no âmbito do direito comum, salvo ao que parece para o direito do consumidor.

Nesse sentido, para o direito do trabalho assim como para o direito do consumidor a fraude se dá pelo mero inadimplemento ou descumprimento contratual em face do empregado ou do consumidor.

XXV

Do Contrato de Trabalho Intermitente

Dispõe o art. 452-A e §§ da CLT (com a redação dada pela Lei n. 13.467/2017):

"Art. 452-A. O contrato de trabalho intermitente deve ser celebrado por escrito e deve conter especificamente o valor da hora de trabalho, que não pode ser inferior ao valor horário do salário mínimo ou àquele devido aos demais empregados do estabelecimento que exerçam a mesma função em contrato intermitente ou não.

§ 1º O empregador convocará, por qualquer meio de comunicação eficaz, para a prestação de serviços, informando qual será a jornada, com, pelo menos, três dias corridos de antecedência.

§ 2º Recebida a convocação, o empregado terá o prazo de um dia útil para responder ao chamado, presumindo-se, no silêncio, a recusa.

§ 3º A recusa da oferta não descaracteriza a subordinação para fins do contrato de trabalho intermitente.

§ 4º Aceita a oferta para o comparecimento ao trabalho, a parte que descumprir, sem justo motivo, pagará à outra parte, no prazo de trinta dias, multa de 50% (cinquenta por cento) da remuneração que seria devida, permitida a compensação em igual prazo.

§ 5º O período de inatividade não será considerado tempo à disposição do empregador, podendo o trabalhador prestar serviços a outros contratantes.

§ 6º Ao final de cada período de prestação de serviço, o empregado receberá o pagamento imediato das seguintes parcelas:

I – remuneração;

II – férias proporcionais com acréscimo de um terço;

III – décimo terceiro salário proporcional;

IV – repouso semana remunerado; e

V – adicionais legais.

§ 7º O recibo de pagamento deverá conter a discriminação dos valores pagos relativos a cada uma das parcelas referidas no § 6º deste artigo.

§ 8º O empregador efetuará o recolhimento da contribuição previdenciária e o depósito do Fundo de Garantia do Tempo de Serviço, na forma da lei, com base nos valores pagos no período mensal e fornecerá ao empregado comprovante do cumprimento dessas obrigações.

§ 9º A cada doze meses, o empregado adquire direito a usufruir, nos doze meses subsequentes, um mês de férias, período no qual não poderá ser convocado para prestar serviços pelo mesmo empregador."

Dispõem os arts. 452-A, 452-B, 452-C, 452-D, 452-E, 452-F, 452-G, 452-H e §§ 1º 2º do art. 911 da CLT (com a redação dada pela Medida Provisória n. 808/2017, com vigência de 14.11.2017 a 23.04.2018):

"Art. 452-A. O contrato de trabalho intermitente será celebrado por escrito e registrado na CTPS, ainda que previsto acordo coletivo de trabalho ou convenção coletiva, e conterá:

I – identificação, assinatura e domicílio ou sede das partes;

II – valor da hora ou do dia de trabalho, que não poderá ser inferior ao valor horário ou diário do salário mínimo, assegurada a remuneração do trabalho noturno superior à do diurno e observado o disposto no § 12; e

III – o local e o prazo para o pagamento da remuneração.

§ 1º O empregador convocará, por qualquer meio de comunicação eficaz, para a prestação de serviços, informando qual será a jornada, com, pelo menos, três dias corridos de antecedência.

§ 2º Recebida a convocação, o empregado terá o prazo de vinte e quatro horas para responder ao chamado, presumida, no silêncio, a recusa.

§ 3º A recusa da oferta não descaracteriza a subordinação para fins do contrato de trabalho intermitente.

§ 4º Aceita a oferta para o comparecimento ao trabalho, a parte que descumprir, sem justo motivo, pagará à outra parte, no prazo de trinta dias, multa de 50% (cinquenta por cento) da remuneração que seria devida, permitida a compensação em igual prazo.

§ 5º O período de inatividade não será considerado tempo à disposição do empregador, podendo o trabalhador prestar serviços a outros contratantes.

§ 6º Na data acordada para o pagamento, observado o disposto no § 11, o empregado receberá, de imediato, as seguintes parcelas:

I – remuneração;

II – férias proporcionais com acréscimo de um terço;

III – décimo terceiro salário proporcional;

IV – repouso semanal remunerado; e

V – adicionais legais.

§ 7º O recibo de pagamento deverá conter a discriminação dos valores pagos relativos a cada uma das parcelas referidas no § 6º deste artigo.

§ 8º O empregador efetuará o recolhimento da contribuição previdenciária e o depósito do Fundo de Garantia do Tempo de Serviço, na forma da lei, com base nos valores pagos no período mensal e fornecerá ao empregado comprovante do cumprimento dessas obrigações.

§ 9º A cada doze meses, o empregado adquire direito a usufruir, nos doze meses subsequentes, um mês de férias, período no qual não poderá ser convocado para prestar serviços pelo mesmo empregador."

§ 10. O empregado, mediante prévio acordo com o empregador, poderá usufruir suas férias em até três períodos, nos termos dos § 1º e § 2º do art. 134.

Aspectos de Direito Material – 141

§ 11. Na hipótese de o período de convocação exceder um mês, o pagamento das parcelas a que se referem o § 6º não poderá ser estipulado por período superior a um mês, contado a partir do primeiro dia do período de prestação de serviço.

§ 12. O valor previsto no inciso II do *caput* não será inferior àquele devido aos demais empregados do estabelecimento que exerçam a mesma função.

§ 13. Para os fins do disposto neste artigo, o auxílio-doença será devido ao segurado da Previdência Social a partir da data do início da incapacidade, vedada a aplicação do disposto § 3º do art. 60 da Lei n. 8.213, de 1991.

§ 14. O salário-maternidade será pago diretamente pela Previdência Social, nos termos do disposto no § 3º do art. 72 da Lei n. 8.213, de 1991.

§ 15. Constatada a prestação dos serviços pelo empregado, estarão satisfeitos os prazos previstos nos § 1º e § 2º." (NR)

"Art. 452-B. É facultado às partes convencionar por meio do contrato de trabalho intermitente:

I – locais de prestação de serviços;

II – turnos para os quais o empregado será convocado para prestar serviços;

III – formas e instrumentos de convocação e de resposta para a prestação de serviços;

IV – formato de reparação recíproca na hipótese de cancelamento de serviços previamente agendados nos termos dos § 1º e § 2º do art. 452-A.

"Art. 452-C. Para fins do disposto no § 3º do art. 443, considera-se período de inatividade o intervalo temporal distinto daquele para o qual o empregado intermitente haja sido convocado e tenha prestado serviços nos termos do § 1º do art. 452-A.

§ 1º Durante o período de inatividade, o empregado poderá prestar serviços de qualquer natureza a outros tomadores de serviço, que exerçam ou não a mesma atividade econômica, utilizando contrato de trabalho intermitente ou outra modalidade de contrato de trabalho.

§ 2º No contrato de trabalho intermitente, o período de inatividade não será considerado tempo à disposição do empregador e não será remunerado, hipótese em que restará descaracterizado o contrato de trabalho intermitente caso haja remuneração por tempo à disposição no período de inatividade.

"Art. 452-D. Decorrido o prazo de um ano sem qualquer convocação do empregado pelo empregador, contado a partir da data da celebração do contrato, da última convocação ou do último dia de prestação de serviços, o que for mais recente, será considerado rescindido de pleno direito o contrato de trabalho intermitente.

"Art. 452-E. Ressalvadas as hipóteses a que se referem os art. 482 e art. 483, na hipótese de extinção do contrato de trabalho intermitente serão devidas as seguintes verbas rescisórias:

I – pela metade:

a) o aviso-prévio indenizado, calculado conforme o art. 452-F; e

b) a indenização sobre o saldo do Fundo de Garantia do Tempo de Serviço – FGTS, prevista no § 1º do art. 18 da Lei n. 8.036, de 11 de maio de 1990; e

II – na integralidade, as demais verbas trabalhistas.

§ 1º A extinção de contrato de trabalho intermitente permite a movimentação da conta vinculada do trabalhador no FGTS na forma do inciso I-A do art. 20 da Lei n. 8.036, de 1990, limitada a até oitenta por cento do valor dos depósitos.

§ 2º A extinção do contrato de trabalho intermitente a que se refere este artigo não autoriza o ingresso no Programa de Seguro-Desemprego.

"Art. 452-F. As verbas rescisórias e o aviso-prévio serão calculados com base na média dos valores recebidos pelo empregado no curso do contrato de trabalho intermitente.

§ 1º No cálculo da média a que se refere o *caput*, serão considerados apenas os meses durante os quais o empregado tenha recebido parcelas remuneratórias no intervalo dos últimos doze meses ou o período de vigência do contrato de trabalho intermitente, se este for inferior.

§ 2º O aviso-prévio será necessariamente indenizado, nos termos dos § 1º e § 2º do art. 487.

"Art. 452-G. Até 31 de dezembro de 2020, o empregado registrado por meio de contrato de trabalho por prazo indeterminado demitido não poderá prestar serviços para o mesmo empregador por meio de contrato de trabalho intermitente pelo prazo de dezoito meses, contado da data da demissão do empregado.

"Art. 452-H. No contrato de trabalho intermitente, o empregador efetuará o recolhimento das contribuições previdenciárias próprias e do empregado e o depósito do FGTS com base nos valores pagos no período mensal e fornecerá ao empregado comprovante do cumprimento dessas obrigações, observado o disposto no art. 911-A.

E, ainda, dispõem os §§ 1º e 2º do art. 911-A da CLT (com a redação dada pela Medida Provisória n. 808/2017, com vigência de 14.11.2017 a 23.04.2018):

"Art. 911-A. O empregador efetuará o recolhimento das contribuições previdenciárias próprias e do trabalhador e o depósito do FGTS com base nos valores pagos no período mensal e fornecerá ao empregado comprovante do cumprimento dessas obrigações.

§ 1º Os segurados enquadrados como empregados que, no somatório de remunerações auferidas de um ou mais empregadores no período de um mês, independentemente do tipo de contrato de trabalho, receberem remuneração inferior ao salário mínimo mensal, poderão recolher ao Regime Geral de Previdência Social a diferença entre a remuneração recebida e o valor do salário mínimo mensal, em que incidirá a mesma alíquota aplicada à contribuição do trabalhador retida pelo empregador.

§ 2º Na hipótese de não ser feito o recolhimento complementar previsto no § 1º, o mês em que a remuneração total recebida pelo segurado de um ou mais empregadores for menor que o salário mínimo mensal não será considerado para fins de aquisição e manutenção de qualidade de segurado do Regime Geral de Previdência Social nem para cumprimento dos períodos de carência para concessão dos benefícios previdenciários." (NR)

Art. 2º O disposto na Lei n. 13.467, de 13 de julho de 2017, se aplica, na integralidade, aos contratos de trabalho vigentes.

COMENTÁRIOS

1º PONTO: Do direito intertemporal

A lei nova não se aplica aos contratos constituídos antes da sua vigência.

2º PONTO: Contrato intermitente – características

No trabalho intermitente estabelecido pelo art. 452 , *caput* e §§ da CLT com a redação da Lei n. 13.467/2017, ou mesmo pelos arts. 452-A até 452-H da CLT admite-se uma vida de e impulsos momentâneos, de ação de curto prazo, sem rotinas sustentáveis, ou seja, uma existência irracional.

Além disso, a realidade do trabalho intermitente não representa a possibilidade do trabalhador ter antecipadamente um calendário de folgas, em que sabe o que esperar. Também, não significa o total de número de horas semanais de trabalho que se estabelece para os empregados e nem se ele vai receber qualquer pagamento.

Na verdade e na prática, o trabalho intermitente estabelece uma situação que o empregado permanece de prontidão em tempo integral, aguardando sua convocação para qualquer hora pelo empregador ("§ 1º (do art. 452-A da CLT) O empregador convocará, por qualquer meio de comunicação eficaz, para a prestação de serviços, informando qual será a jornada, com, pelo menos, três dias corridos de antecedência.").

A rigor, trata-se de uma categoria de trabalho por encomenda solicitada pelo empregador que exige prontidão em tempo integral do empregado para o atendimento imediato ("§ 2º (do art. 452-A da CLT, redação da Lei n. 13.467/2017)) Recebida a convocação, o empregado terá o prazo de vinte e quatro horas para responder ao chamado, presumida, no silêncio, a recusa" e ("§ 2º (do art. 452-A da CLT, redação da MP n. 808/2017)) Recebida a convocação, o empregado terá o prazo de vinte e quatro horas para responder ao chamado, presumida, no silêncio, a recusa."

Afora isso, o contrato de trabalho intermitente autoriza o pagamento de remuneração mensal inferior ao salário mínimo, bem como, nesse caso, impede o atendimento das necessidades vitais do trabalhador, além de comprometer seu direito a integração no sistema da Previdência Social, e, desrespeitar o princípio da igualdade entre trabalhadores com vínculo permanente e mesmo com avulsos – até porque o intermitente é uma espécie de avulso sem a assistência sindical – , com violação aos inciso IV e XXXIV do art. 7º da CF:

> "IV – Salário mínimo, fixado em lei, nacionalmente unificado, capaz de atender às suas necessidades vitais básicas e às de sua família com moradia, alimentação, educação, saúde, lazer, vestuário, higiene, transporte e previdência social, com reajustes periódicos que lhe preservem o poder aquisitivo, sendo vedada sua vinculação para qualquer fim;"

> "XXIV – igualdade de direitos entre o trabalhador com vínculo empregatício permanente e o trabalhador avulso."

E, ademais, possibilita que de forma antijurídica o trabalhador intermitente, apesar de ter descontado de sua remuneração a contribuição previdenciária, poderá ficar fora do sistema da seguridade social, justamente, porque teve violado seu direito constitucional à percepção do salário mínimo.

No período de vigência da MP n. 808/2017, estabeleceu-se a obrigação do intermitente pagar para trabalhar e complementar a diferença para o valor mínimo da contribuição previdenciária (§§ 1º e 2º do art. 911 da CLT, com a Medida Provisória n. 808/2017) com violação aos arts. 195 e 202 da CF.

3º PONTO: Contrato intermitente tácito – antinomia entre o art. 443 da CLT (contrato verbal) com o art. 452-A da CLT = contrato escrito

De acordo o art. 452-A da CLT o contrato de trabalho intermitente exige forma prescrita em lei: "O contrato de trabalho intermitente deve ser celebrado por escrito e deve conter especificamente..."

Nesse sentido, a regra do art. 443 da CLT com a redação da Lei n. 13.467/2017 traz uma antinomia com o art. 452-A da CLT com a redação da mesma lei, posto que o art. 443 da CLT menciona a possibilidade do contrato de trabalho intermitente verbal.

4º PONTO: Contrato intermitente – art. 29 da CLT = condição especial

De acordo o art. 29 da CLT a condição especial do contrato de trabalho intermitente exige forma prescrita em lei, ou seja, deverá obrigatoriamente constar no contrato individual de trabalho, bem como, na CTPS como condição especial, a que se refere o art. 29 da CLT ("Art. 29 – A Carteira de Trabalho e Previdência Social será obrigatoriamente apresentada, contra recibo, pelo trabalhador ao empregador que o admitir, o qual terá o prazo de quarenta e oito horas para nela anotar, especificamente, a data de admissão, a remuneração e **as condições especiais,** se houver, sendo facultada a adoção de sistema manual, mecânico ou eletrônico, conforme instruções a serem expedidas pelo Ministério do Trabalho.")

No mesmo sentido, o art. 452-A que estabelece, inclusive, em detalhes as cláusulas essenciais que deverão constar no contrato de trabalho intermitente.

Assim, tratando-se de condição especial de trabalho, conforme determina o art. 29 e o art. 452-A da CLT, que estabelece uma condição *in pejus* ao contrato regular de trabalho, a interpretação dessa antinomia deverá se dar no sentido de que a forma escrita e o registro expresso dessa modalidade contratual na CTPS é condição essencial legal sem a qual o ato/negócio jurídico não terá validade, nos termos do que estabelece o inciso III do art. 104 e o art. 107 do Código Civil.

5º PONTO: Distinção entre habitualidade e continuidade

O art. 443 da CLT com a redação da Lei n. 13.467/2017 traz uma distinção entre a habitualidade e continuidade, sendo necessária aquela (habitualidade, ainda, que descontínua e com alternância e inatividade) e não está (continuidade) como elemento configurador do elo empregatício.

Desse modo, o novo art. 443 da CLT ampliou o conceito de habitualidade distinguindo-o da mera continuidade ininterrupta ou sem inatividade.

E o § 5º do art. 452 da CLT reforçou esse conceito de habitualidade em distinção da continuidade ("§ 5º O período de inatividade não será considerado tempo à disposição do empregador, podendo o trabalhador prestar serviços a outros contratantes").

6º PONTO: Novo enfoque para a recusa que por si só não é elemento indicativo de autonomia (ou não subordinação)

Registre-se que o § 3º do art. 452 da CLT, com a redação da Lei n. 13.467/2017, traz um novo enfoque e padrão normativo para o tratamento da subordinação não mais relacionada, pura e simplesmente, a uma mera recusa de determinado e específico serviço como elemento desconfigurador da relação de emprego.

7º PONTO: Trabalho para o concorrente sem que haja concorrência desleal ou quebra da fidelidade/confiança

Cumpre ponderar que o § 5º do art. 452 da CLT, com a redação da Lei n. 13.467/2017, autoriza que o empregado, durante o período de inatividade, preste serviços para outro contratante, sem que esteja configurada a concorrência desleal ou a quebra da fidelidade/confiança.

8º PONTO: Iniquidade e desproporção das obrigações e sanções antijurídicas

De acordo como o § 4º do art. 452 da CLT, caso o empregador convoque o empregado e deixa de cumprir a obrigação de dar serviço, deverá pagar ao empregado, apenas, 50% da remuneração que lhe seria devida, a despeito do empregado ter um prejuízo de 100% na remuneração devida, já que perdeu o período integral de trabalho para o qual foi chamado, sem falar, inclusive, na perda de uma chance de laborar noutro local.

Por outro lado, aceita a convocação, caso o empregado deixe de comparecer para trabalhar deverá pagar uma indenização de 50% do valor da remuneração que lhe seria devida, ainda, que o empregador não demonstre ter tido qualquer tipo de prejuízo, possibilitando a ocorrência do enriquecimento sem causa em decorrência de uma indenização sem o correspondente prejuízo.

9º PONTO: Avulso urbano sem a proteção da gerência sindical

Como se dessume do § 6º do art. 452-A da CLT estar-se-á criando, a partir do denominado trabalho intermitente, na realidade, um trabalhador avulso urbano sem a proteção da gerência sindical, sob às vestes de um contrato de trabalho.

E, pior, em situação pior do que o avulso, poderá não receber ao final da diária e só ao final do mês (§§ 11 do art. 452-A da CLT), o que leva a inconstitucionalidade pelo tratamento desigual entre esses dois tipos de trabalhadores.

10º PONTO: Férias do trabalhador intermitente

O § 9º do art. 452-A da CLT estabelece um período de gozo de um mês de férias, após doze meses de trabalho, para o trabalhador intermitente.

Ocorre que, conforme estabelece o § 5º do art. 452-A da CLT, o período de inatividade não será considerado como tempo de serviço (ou à disposição do empregador), e, o § 9º alude apenas "a cada doze meses", sem definir se é o período anual de tempo corrido do calendário ou de período anual de tempo de serviço, gerando mais uma antinomia na técnica legislativa.

Isto porque, se os 12 (doze) meses corresponderem ao período anual corridos independentemente do tempo de serviço, então, o gozo das férias não terá a haver com o tempo à disposição do empregador e, assim, tampouco, poderá ser prejudicado em função do número de faltas que estaria relacionado com o tempo à disposição.

Caso os 12 (dozes) meses correspondam a tempo à disposição, então, as férias não serão concedidas no período anual do calendário, mas sim, do tempo à disposição atrelado ao contrato de trabalho.

No entanto, adotando-se por analogia o critério para o pagamento mensal fixado no § 11 do art. 452-A da CLT (acrescido pela Medida Provisória n. 808/2017) combinado com o disposto no art. 452-D da CLT c/c § 1º do art. 452-F, a contagem deverá se iniciar a partir do primeiro dia do período da prestação de serviço, ou seja, do ano calendário.

Por outro, o gozo, em si, parece uma ilusão na medida que o trabalhador intermitente só ganha se trabalhar, conforme estabelece o § 5º do art. 452-A da CLT, e, ainda, pela possibilidade e necessidade dele trabalhar, simultaneamente, para outro empregador (§ 5º do art. 452 da CLT).

11º PONTO: Da liberdade de contratação entre o empregador e o trabalhador intermitente: do intermitente "hipersuficiente"

O art. 452-B da CLT (com a redação dada pela Medida Provisória n. 808/2017), com vigência no período de 14.11.2017 a 23.04.2018, estabelece que o empregador e o trabalhador intermitente poderão em substituição à lei estabelecer a prestação de serviço em diferentes locais de trabalho, em distintos turnos de trabalho, bem como valores para indenização pelo cancelamento de serviços previamente agendados.

Assim, se criou pelo art. 452-B da CLT, no período de vigência da MP n. 808/2017, outro trabalhador "hipersuficiente", para além daquela outra categoria inconstitucional e artificial criada no parágrafo único do art. 444 da CLT, a despeito de poder receber menos do que um salário mínimo.

12º PONTO: Do período de inatividade e da descaracterização do contrato de trabalho intermitente

De acordo com o art. 452-C da CLT (com a redação da Medida Provisória n. 808/2017) "considera-se período de inatividade o intervalo temporal distinto daquele para o qual o empregado intermitente haja sido convocado e tenha prestado serviços nos termos do § 1º do art. 452-A."

No período de inatividade, o trabalhador intermitente poderá prestar serviços para outros empregadores, ainda que concorrentes (§ 1º do art. 452-C da CLT fixado pela MP n. 808/2017).

E, na hipótese de ocorrer remuneração no período de inatividade estará descaracterizado o contrato de trabalho intermitente (§ 2º do art. 452-C da CLT fixado e com vigência da MP n. 808/2017).

13º PONTO: Da rescisão contratual por inatividade do contrato de trabalho intermitente

Pelo art. 452-D da CLT fixado pela MP n. 808/2017 estabelece a rescisão contratual automática e *ope legis* do contrato de trabalho intermitente se não houver a convocação do trabalhador para prestar serviços dentro do período de um ano contado da última convocação ou prestação de serviço, observado o fato mais recente.

14º PONTO: Das verbas rescisórias pela metade e da ausência do seguro-desemprego

O art. 452-E da CLT fixado pela MP n. 808/2017 estabelece que, na hipótese de rescisão do contrato de trabalho do intermitente, sem justa causa, será lhe á devido o pagamento pela metade do valor do aviso-prévio, da multa fundiária, e, de forma integral os demais títulos rescisórios (férias e 13º mês etc.).

O que é manifestamente inconstitucional (violação do *caput* e inciso I do art. 5º da CF e do inciso XXI do art. 7º da CF e inciso I do art. 10 do ADTCF) na medida que não existe situação jurídica distinta que autorize tal distinção com prejuízos dos direitos constitucionalmente assegurados em face do empregado intermitente.

O § 1º do art. 452-E da CLT fixado pela MP n. 808/2017 estabelece que, no caso de rescisão contratual, o trabalhador intermitente só poderá sacar 80% dos depósitos fundiários, e, ainda, o § 2º do art. 452-E da CLT exclui o direito do empregado intermitente desempregado face a rescisão contratual de receber o seguro desemprego, o que é igualmente inconstitucional (violação do *caput* e inciso I do art. 5º da CF e do inciso XXI do art. 7º da CF e inciso I do art. 10 do ADTCF) na medida que não existe situação jurídica distinta que autorize tal distinção com prejuízos dos direitos constitucionalmente assegurados em face do empregado intermitente.

Todos esses direitos deverão ser pagos e indenizados até sua integralidade pelo empregador.

De qualquer forma, é bom que se observe que pela redação e ressalvas constante do art. 452-E, em especial ao art. 483 da CLT, se a rescisão contratual se der por falta patronal, então, as verbas rescisórias, indenizações e demais direitos deverão ser pagos de forma integral.

15º PONTO: Da carência

Pelo artigo 452-G da CLT (com a redação dada pela Medida Provisória n. 808/2017) até 31 de dezembro de 2020, durante um período de carência de 18 meses, o empregador não poderá substituir o contrato de trabalho a prazo indeterminado do empregado que foi demitido pela contratação desse mesmo empregado pelo regime de trabalho intermitente.

No entanto, o art. 452-G da CLT fixado pela MP n. 808/2017, deixa a aberta a possibilidade no caso de pedido de demissão ou demissão por acordo, da carência ser superada.

Pelo artigo 452-A da CLT (com a redação dada pela Lei n. 13.467/2017) não existiria um período de carência para o empregador contratá-lo como intermitente após a rescisão contratual do pacto laboral ordinário, a despeito da possível utilização por isonomia (*caput* e inciso I do art. 5º da C.F.) do prazo de carência de 18 meses do art. 452-G da CLT fixado pela MP n. 808/2017, com vigência no período de 14.11.2018 a 23.04.2018, ou, aplicação por analogia do prazo de carência de 06 meses entre contratos de prazo determinado (*caput* do art. 452 da CLT) , ou da constatação da fraude.

16º PONTO: Da (ausência) de previdência social, salário-maternidade, auxílio-doença, auxílio-acidentário, aposentadoria

A combinação do disposto nos §§ 13 e 14 do art. 452-A da CLT com os §§ 1º e 2º do art. 911-A da CLT (com a redação dada pela Medida Provisória

n. 808/2017, com vigência de 14.11.2017 a 23.04.2018), leva a conclusão de que o empregado intermitente que não receba o valor do salário mínimo mensal, não será considerado contribuinte da Previdência Social, a despeito do desconto de valores de sua remuneração e de que não atingiu tal valor porque o empregador não lhe pagou ao não lhe convocar para trabalhar, se não pagar do próprio bolso a diferença para o valor mínimo de contribuição previdenciária, ficará excluído do regime da Previdência Social.

Com a consequência, do empregado intermitente que não receber ao menos o salário mínimo mensal ficar sem a percepção de benefícios previdenciários, particularmente, o auxílio-acidente, o auxílio-doença e o salário-maternidade, salário-paternidade, e, aposentadoria.

Absolutamente injurídica e inconstitucional tal regramento jurídico, posto que, repita-se, possibilita de forma antijurídica que o trabalhador intermitente, apesar de ter descontado de sua remuneração a contribuição previdenciária, possa ficar fora do sistema da seguridade social, justamente, porque teve violado seu direito constitucional à percepção do salário mínimo, a menos que seja obrigado a pagar para trabalhar e complementar a diferença para o valor mínimo da contribuição previdenciária (§§ 1º e 2º do art. 911 da CLT, com a redação dada pela Medida Provisória n. 808/2017, com vigência de 14.11.2017 a 23.04.2018) com violação aos incisos IV, XII, XVIII, XIX, XXIV do art. 7º e dos arts. 195 e 202 da CF.

Destaque-se que, em tal situação (em que não recebe o salário mínimo e não consegue pagar a diferença para a seguridade social), o trabalhador intermitente poderá trabalhar a vida todo, tendo descontado de seus irrisórios salários a parcela previdenciária, e, ainda, assim, jamais adquirirá o direito a aposentadoria por tempo de serviço, idade ou invalidez, o que é totalmente inconstitucional.

XXVI

Do Uniforme e Direito de Imagem

Dispõem o art. 456-A e §§ da CLT (com a redação dada pela Lei n. 13.467/2017):

"Art. 456-A. Cabe ao empregador definir o padrão de vestimenta no meio ambiente laboral, sendo lícita a inclusão no uniforme de logomarcas da própria empresa ou de empresas parceiras e de outros itens de identificação relacionados à atividade desempenhada.

Parágrafo único. A higienização do uniforme é de responsabilidade do trabalhador, salvo nas hipóteses em que forem necessários procedimentos ou produtos diferentes dos utilizados para a higiei8nização das vestimentas de uso comum."

COMENTÁRIOS

1º PONTO: Do direito intertemporal

A lei nova não se aplica aos contratos celebrados antes da sua vigência.

2º PONTO: Da utilização da logomarca

O art. 456-A da CLT autoriza que o empregador coloque a sua logomarca ou de empresa parceira no uniforme do empregado.

3º PONTO: Distinção da higienização das vestimentas de uso comum

O art. 456-A e parágrafo único da CLT atribuem ao empregado a higienização do uniforme, salvo no caso de necessidade de utilização de produtos diferenciados daqueles utilizados em vestimentas comuns.

O texto é bastante aberto, subjetivo e discricionário para a definição da referida situação, já que o senso comum, em tal caso, é variável de pessoa para pessoa, de região para região, de categoria profissional ou atividade para atividade.

Ademais, se o uniforme tem a logomarca da empresa deveria ser de interesse e ser dela responsabilidade e o custo pela higienização, do contrário, não poderá reclamar e nem exigir do empregado se a logomarca estiver suja – critério pessoal e subjetivo – que proceda a higienização do uniforme às suas próprias custas.

Aspectos de Direito Material – 151

Das Parcelas Salariais e Não Salariais da Remuneração

Dispõe o art. 457 da CLT (com a redação dada pela Lei n. 13.467/2017):

"Art. 457. ....

§ 1º Integram o salário a importância fixa estipulada, as gratificações legais e as comissões pagas pelo empregador.

§ 2º As importâncias, ainda que habituais, pagas a título de ajuda de custo, auxílio-alimentação, vedado seu pagamento em dinheiro, diárias para viagem, prêmios e abonos não integram a remuneração do empregado, não se incorporam ao contrato de trabalho e não constituem base de incidência de qualquer encargo trabalhista e previdenciário.

....

§ 4º Consideram-se prêmios as liberalidades concedidas pelo empregador em forma de bens, serviços ou valor em dinheiro a empregado ou a grupo de empregados, em razão de desempenho superior ao ordinariamente esperado no exercício de suas atividades." (NR)

"Art. 458. ....

....

§ 5º O valor relativo à assistência prestada por serviço médico ou odontológico, próprio ou não, inclusive o reembolso de despesas com medicamentos, óculos, aparelhos ortopédicos, próteses, órteses, despesas médico-hospitalares e outras similares, mesmo quando concedido em diferentes modalidades de planos e coberturas, não integram o salário do empregado para qualquer efeito nem o salário de contribuição, para efeitos do previsto na alínea q do § 9º do art. 28 da Lei n. 8.212, de 24 de julho de 1991."(NR)

Dispõe o art. 457 da CLT (com a redação dada pela Medida Provisória n. 808/2017, com vigência de 14.11.2017 a 23.04.2018):

"Art. 457 – Compreendem-se na remuneração do empregado, para todos os efeitos legais, além do salário devido e pago diretamente pelo empregador, como contraprestação do serviço, as gorjetas que receber. ....

§ 1º Integram o salário a importância fixa estipulada, as gratificações legais e de função e as comissões pagas pelo empregador.

§ 2º As importâncias, ainda que habituais, pagas a título de ajuda de custo, limitadas a cinquenta por cento da remuneração mensal, o auxílio-alimentação, vedado o seu pagamento em dinheiro, as diárias para viagem e os prêmios não integram a remuneração do empregado, não se incorporam ao contrato de trabalho e não constituem base de incidência de encargo trabalhista e previdenciário.

§ 4º Consideram-se prêmios as liberalidades concedidas pelo empregador em forma de bens, serviços ou valor em dinheiro a empregado ou a grupo de empregados, em razão de desempenho superior ao ordinariamente esperado no exercício de suas atividades." (NR)

§ 12. A gorjeta a que se refere o § 3º não constitui receita própria dos empregadores, destina-se aos trabalhadores e será distribuída segundo os critérios de custeio e de rateio definidos em convenção coletiva ou acordo coletivo de trabalho.

§ 13. Se inexistir previsão em convenção coletiva ou acordo coletivo de trabalho, os critérios de rateio e distribuição da gorjeta e os percentuais de retenção previstos nos § 14 e § 15 serão definidos em assembleia geral dos trabalhadores, na forma estabelecida no art. 612.

§ 14. As empresas que cobrarem a gorjeta de que trata o § 3º deverão:

I – quando inscritas em regime de tributação federal diferenciado, lançá-la na respectiva nota de consumo, facultada a retenção de até vinte por cento da arrecadação correspondente, mediante previsão em convenção coletiva ou acordo coletivo de trabalho, para custear os encargos sociais, previdenciários e trabalhistas derivados da sua integração à remuneração dos empregados, hipótese em que o valor remanescente deverá ser revertido integralmente em favor do trabalhador;

II – quando não inscritas em regime de tributação federal diferenciado, lançá-la na respectiva nota de consumo, facultada a retenção de até trinta e três por cento da arrecadação correspondente, mediante previsão em convenção coletiva ou acordo coletivo de trabalho, para custear os encargos sociais, previdenciários e trabalhistas derivados da sua integração à remuneração dos empregados, hipótese em que o valor remanescente deverá ser revertido integralmente em favor do trabalhador; e

III – anotar na CTPS e no contracheque de seus empregados o salário contratual fixo e o percentual percebido a título de gorjeta.

§ 15. A gorjeta, quando entregue pelo consumidor diretamente ao empregado, terá seus critérios definidos em convenção coletiva ou acordo coletivo de trabalho, facultada a retenção nos parâmetros estabelecidos no § 14.

§ 16. As empresas anotarão na CTPS de seus empregados o salário fixo e a média dos valores das gorjetas referente aos últimos doze meses.

§ 17. Cessada pela empresa a cobrança da gorjeta de que trata o § 3º, desde que cobrada por mais de doze meses, essa se incorporará ao salário do empregado, a qual terá como base a média dos últimos doze meses, sem prejuízo do estabelecido em convenção coletiva ou acordo coletivo de trabalho.

§ 18. Para empresas com mais de sessenta empregados, será constituída comissão de empregados, mediante previsão em convenção coletiva ou acordo coletivo de trabalho, para acompanhamento e fiscalização da regularidade da cobrança e distribuição da gorjeta de que trata o § 3º, cujos representantes serão eleitos em assembleia geral convocada para esse fim pelo sindicato laboral e gozarão de garantia de emprego vinculada ao desempenho das funções para que foram eleitos, e, para as demais empresas, será constituída comissão intersindical para o referido fim.

§ 19. Comprovado o descumprimento ao disposto nos § 12, § 14, § 15 e § 17, o empregador pagará ao trabalhador prejudicado, a título de multa, o valor correspondente a um trinta avos da média da gorjeta por dia de atraso, limitada ao piso da categoria, assegurados, em qualquer hipótese, o princípio do contraditório e da ampla defesa.

§ 20. A limitação prevista no § 19 será triplicada na hipótese de reincidência do empregador.

§ 21. Considera-se reincidente o empregador que, durante o período de doze meses, descumprir o disposto nos § 12, § 14, § 15 e § 17 por período superior a sessenta dias.

§ 22. Consideram-se prêmios as liberalidades concedidas pelo empregador, até duas vezes ao ano, em forma de bens, serviços ou valor em dinheiro, a empregado, grupo de empregados ou terceiros vinculados à sua atividade econômica em razão de desempenho superior ao ordinariamente esperado no exercício de suas atividades.

§ 23. Incidem o imposto sobre a renda e quaisquer outros encargos tributários sobre as parcelas referidas neste artigo, exceto aquelas expressamente isentas em lei específica.

"Art. 458. ....

....

§ 5º O valor relativo à assistência prestada por serviço médico ou odontológico, próprio ou não, inclusive o reembolso de despesas com medicamentos, óculos, aparelhos ortopédicos, próteses, órteses, despesas médico-hospitalares e outras similares, mesmo quando concedido em diferentes modalidades de planos e coberturas, não integram o salário do empregado para qualquer efeito nem o salário de contribuição, para efeitos do previsto na alínea *q* do § 9º do art. 28 da Lei n. 8.212, de 24 de julho de 1991."(NR)

COMENTÁRIOS

1º PONTO: Do direito intertemporal

Em se tratando de situação jurídicas ancorada no ato jurídico perfeito (contrato) – ou seja, não sendo o caso de situações institucionais/estatutárias – a lei nova (Lei n. 13.467/2017 e a Medida Provisória n. 808/2017) não se aplica aos contratos celebrados antes da sua vigência, sob pena de violação do ato jurídico perfeito e de direitos adquiridos protegidos pelo do inciso XXXVI do art. 5º da CF.

Isto porque, se a lei alcançar os efeitos futuros de contratos celebrados anteriormente a ela, será essa lei retroativa (retroatividade mínima) porque vai intervir na causa, que é um ato ou fato ocorrido no passado.

De forma, que a aplicação dessas regras da lei nova para os contratos já constituídos ao tempo da lei anterior, importaria em violação da segurança jurídica, o ato jurídico perfeito e de situações jurídicas e direitos adquiridos protegidos pelo inciso XXXVI do art. 5º da CF.

Realmente, não há dúvida não de que, se a lei alcançar os efeitos futuros dos contratos celebrados anteriormente a ela, será essa lei retroativa porque vai interferir na causa, que é um ato ou fato ocorrido no passado. Nesse caso, a aplicação imediata se faz, mas com efeito retroativo.

Tendo em vista que a lei nova não se aplica aos contratos celebrados antes da sua vigência, por conta da regra de direito intertemporal e a impossibilidade de se atingir ato jurídico perfeito, como é o contrato de trabalho constituído antes da vigência da Lei n. 13.467/2017 ou da MP n. 808/2017, a disciplina das parcelas salariais (natureza e reflexos) se fará de acordo com o regramento legal impositivo que se incorporou ao contrato de trabalho.

Com efeito, os contratos de trabalho constituídos ou assinados antes da vigência da Lei n. 13.467/2017 (11.11.2017), tem como imposta contratualmente (ato jurídico perfeito) e, ainda, que escoradas pela lei anterior (– direito adquirido a determinado *status* jurídico ou a segurança jurídica – arts. 444 e 468 da CLT) certas cláusulas obrigatórias – como que as alterações contratuais ainda que bilaterais, sem distinção do nível de progressão do sistema de ensino ou do padrão salarial, se prejudiciais ao empregado não tem validade (são nulas) – , que passam a integrar o contrato de trabalho como fruto da vontade, e, consequentemente, daí resulta que esse contrato com essa cláusula, como ato jurídico perfeito, tem seus efeitos (ainda que futuros) postos a salvo de modificações que a nova lei faça com relação a tais cláusulas.

"Apesar de impostas pela lei certas cláusulas como obrigatórias num contrato, uma vez apostas a ele passam a integrá-lo como fruto da vontade inclusive da parte que a ele adere, e, consequentemente, daí resulta que esse contrato, como ato jurídico perfeito, tem os seus efeitos futuros postos a salvo de modificações que a lei nova faça com relação a tais cláusulas, as quais somente são imperativas para os contratos que vierem a celebrar-se depois de sua entrada em vigor."

"Essa distinção que impõe às partes contratantes a adoção de cláusulas contratuais imperativas. Nem por isso essas cláusulas deixam de integrar o contrato, que, com o ato jurídico perfeito, está a salvo das modificações posteriores que outras leis infraconstitucionais venham impor na redação dessas cláusulas."

Até porque, repita-se, representa uma excessiva redução de direitos do empregado presentes no tempo do ato jurídico perfeito (da constituição do contrato de trabalho).

Com efeito, os contratos de trabalho constituídos ou assinados antes da vigência da Lei n. 13.467/2017 (11.11.2017), tem como imposta contratualmente e, ainda, escorados pelo direito adquirido derivado da situação jurídica fixada pela lei anterior (§ 1º do art. 457 da CLT, na redação anterior) certas cláusulas obrigatórias, que passam a integrar o contrato de trabalho como fruto da vontade, e, consequentemente, daí resulta que esse contrato com essa cláusula, como ato jurídico perfeito, tem seus efeitos (ainda que futuros e pelo princípio da segurança jurídica e pela garantia do respeito ao ato jurídico perfeito e ao direito adquirido) postos a salvo da nova lei.

2º PONTO: Da violação dos Direitos Constitucionais expressos nos incisos do art. 7º da CF – rouba e esvazia a densidade do conteúdo deles

A regra do § 2º do art. 457 da CLT quer seja na redação da Lei n. 13.467/2017 ou no texto da MP n. 808/2017 viola os próprios direitos mínimos e civilizatórios estabelecidos no *caput* e incisos do art. 7º da CF, entre outros, como férias, 13º salário, descanso semanal remunerado e FGTS (com multa de 40%), aviso-prévio, que foram diretamente afetados, tendo em vista que, por força do § 2º do art. 457 da CLT, os pagamentos efetuados a título de prêmio e abono não integrarão mais a remuneração, para aqueles fins, ou seja, mantém-se aqueles direitos constitucionais só na casca, pois, subtrai-se de seu conteúdo o valor.

A regra do *caput* do § 2º art. 457 da CLT é elaborada por meio de uma retórica inteligente e um sutil jogo de máscaras, onde estabelece a redução de direitos trabalhistas, sem ao menos permitir a exata percepção de como isso ocorreu.

Quando, na verdade, o § 2º do art. 457 da CLT (com a redação dada pela Lei n. 13.467/2017 ou pela MP n. 808/2017) inova profundamente o contrato, porque estabelece novo critério de cálculo dos prêmios (alterando sua natureza salarial para algo "surreal" e *sui generis* – já que também não é indenizatória de nenhum prejuízo) e, ainda, com tal alteração do pactuado, determina que sobre essa parcela (que seria, indubitavelmente contra prestação do trabalho, e, portanto, salarial) não sejam cálculos os demais direitos laborais de natureza constitucionais, como, *v.g.*, 13º mês, férias + 1/3, descanso semanal remunerado, aviso-prévio e FGTS + 40%).

Noutras palavras, o § 2º do art. 457 da CLT incide em violação ao *caput* e incisos I até XXXIV do art. 7º da CF, uma vez que lhes rouba a densidade, na medida que lhe subtrai o conteúdo e o valor.

3º PONTO: Da violação do *caput* do art. 7º da CF

A disciplina do § 2º do art. 457 da CLT quer seja na redação da Lei n. 13.467/2017 ou no texto da MP n. 808/2017 ao esvaziar a densidade dos próprios direitos mínimos e civilizatórios estabelecidos no *caput* e incisos do art. 7º da CF, entre outros, como férias, 13º salário, descanso semanal remunerado e FGTS (com multa de 40%), aviso-prévio, na medida que, subtrai-se de seu conteúdo o valor, também, viola o *caput* do art. 7º da CF ao estabelecer por lei ordinária regra que significa a piora das condições sociais do empregado.

Isto porque, o *caput* do art. 7º da CF é claro e expresso quando a proibição da edição de leis ordinárias em prejuízo das condições legais vigentes para os trabalhadores, ou seja, que violem o princípio constitucional da proteção da melhoria da social, social do empregado:

"Art. 7º São direitos dos trabalhadores urbanos e rurais, além de outros que visem à melhoria de sua condição social:"

4º PONTO: Da violação do *caput* e inciso VI do art. 7º da CF

O § 2º do art. 457 da CLT quer seja na redação da Lei n. 13.467/2017 ou no texto da MP n. 808/2017 ao esvaziar a densidade dos próprios direitos trabalhistas., entre outros, como férias, 13º salário, descanso semanal remunerado e FGTS (com multa de 40%), aviso-prévio, na medida que, subtrai-se de seu conteúdo o valor, representa violação ao princípio da irredutibilidade salarial, com o que, também, viola o inciso IV do art. 7º da CF.

Assim, o § 2º do art. 457 da CLT, quer seja na redação da Lei n. 13.467/2017 ou no texto da MP n. 808/2017 igualmente, viola o inciso VI do art. 7º da CF é claro e expresso quanto ao princípio da irredutibilidade salarial, que veda a lei ordinária que adote diretriz em sentido oposto:

"VI – irredutibilidade do salário, salvo o disposto em convenção ou acordo coletivo"

XXVIII

Da Equiparação Salarial

Dispõe o art. 461 da CLT (com a redação dada pela Lei n. 13.467/2017):

"Art. 461. Sendo idêntica a função, a todo trabalho de igual valor, prestado ao mesmo empregador, no mesmo estabelecimento empresarial, corresponderá igual salário, sem distinção de sexo, etnia, nacionalidade ou idade.

§ 1º Trabalho de igual valor, para os fins deste Capítulo, será o que for feito com igual produtividade e com a mesma perfeição técnica, entre pessoas cuja diferença de tempo de serviço para o mesmo empregador não seja superior a quatro anos e a diferença de tempo na função não seja superior a dois anos.

§ 2º Os dispositivos deste artigo não prevalecerão quando o empregador tiver pessoal organizado em quadro de carreira ou adotar, por meio de norma interna da empresa ou de negociação coletiva, plano de cargos e salários, dispensada qualquer forma de homologação ou registro em órgão público.

§ 3º No caso do § 2º deste artigo, as promoções poderão ser feitas por merecimento e por antiguidade, ou por apenas um destes critérios, dentro de cada categoria profissional.

....

§ 5º A equiparação salarial só será possível entre empregados contemporâneos no cargo ou na função, ficando vedada a indicação de paradigmas remotos, ainda que o paradigma contemporâneo tenha obtido a vantagem em ação judicial própria.

§ 6º No caso de comprovada discriminação por motivo de sexo ou etnia, o juízo determinará, além do pagamento das diferenças salariais devidas, multa, em favor do empregado discriminado, no valor de 50% (cinquenta por cento) do limite máximo dos benefícios do Regime Geral de Previdência Social." (NR)

COMENTÁRIOS

1º PONTO: Do direito intertemporal

A lei nova não se aplica aos contratos celebrados antes da sua vigência.

Isto porque, se a lei alcançar os efeitos futuros de contratos celebrados anteriormente a ela, será essa lei retroativa (retroatividade mínima) porque vai intervir na causa, que é um ato ou fato ocorrido no passado.

De forma, que a aplicação dessas regras da lei nova para os contratos já constituídos ao tempo da lei anterior, importaria em violação do ato jurídico perfeito, protegido pelo inciso XXXVI do art. 5º da CF.

Realmente, não há dúvida não de que, se a lei alcançar os efeitos futuros dos contratos celebrados anteriormente a ela, será essa lei retroativa porque vai interferir na causa, que é um ato ou fato ocorrido no passado. Nesse caso, a aplicação imediata se faz, mas com efeito retroativo.

Tendo em vista que a lei nova não se aplica aos contratos celebrados antes da sua vigência, por conta da regra de direito intertemporal e a impossibilidade de se atingir ato jurídico perfeito, como é o contrato de trabalho constituído antes da vigência da Lei n. 13.467/2017, a disciplina da equiparação desses contratos já constituídos se fará de acordo com o regramento contratual e legal impositivo e o entendimento jurisprudencial a respeito dos mesmos (da lei e das regras contratuais) consolidados e que se incorporaram ao contrato de trabalho.

Com efeito, os contratos de trabalho constituídos ou assinados antes da vigência da Lei n. 13.467/2017 (11.11.2017), tem como imposta contratualmente e, ainda, pela lei anterior (art. 461 da CLT da lei anterior) certas cláusulas obrigatórias, que passam a integrar o contrato de trabalho como fruto da vontade, e, consequentemente, daí resulta que esse contrato com essa cláusula, como ato jurídico perfeito, tem seus efeitos (ainda que futuros) postos a salvo da nova lei.

E o art. 461 da CLT (com a redação dada pela Lei n. 13.467/2017) inova profundamente o contrato, porque estabelece novo critério para apuração da equiparação salarial, e, ainda, com tal alteração do pactuado afeta profundamente os demais direitos laborais de natureza constitucionais, como, *v.g.*, 13º mês, férias + 1/3, descanso semanal remunerado, aviso-prévio e FGTS + 40%) que são esvaziados de seu valor, conteúdo e densidade diante da alteração de natureza infraconstitucional.

2º PONTO: Da violação dos Direitos Constitucionais expressos nos incisos do art. 7º da CF – rouba e esvazia a densidade do conteúdo deles

A defesa e a proteção dos direitos trabalhistas, no sistema jurídico brasileiro, alcançou tal relevância, que tem hierarquia constitucional (arts. 7º e 8º da CF).

Destaque-se a hierarquia constitucional dos valores envolvidos que devem ser objeto de investigação: i) a proteção ao trabalhador (*caput* do art. 7º da CF); e ii) o respeito ao ato jurídico perfeito e ao direito adquirido (inciso XXXVI do art. 5º da CF).

Portanto, o sistema jurídico brasileiro impõe no tocante ao tema da aplicação imediata da lei nova a observância fixada hierarquicamente, no plano constitucional, i) da garantia do respeito as normas de proteção dos interesses do trabalhador pelo Estado, além de outras normas que visem à melhoria de sua condição social (*caput* do art. 7º da CF); e, ii) do respeito ao ato jurídico perfeito e aos direitos adquiridos e a coisa julgada (inciso XXXVI do art. 5º da CF).

No art. 7º da CF, especialmente, no seu *caput*, a Constituição Federal do Brasil, ao disciplinar os direitos e garantias fundamentais, estabeleceu a obrigatoriedade da promoção pelo Estado Brasileiro (Legislativo, Executivo e Judiciário) da defesa e proteção do trabalhador, como um dos princípios da ordem econômica brasileira a limitar a autonomia da vontade e a livre iniciativa, em conformidade com os ditames da justiça distributiva (justa e solidária) que assegure aos trabalhadores uma existência digna (outro elemento de garantia constitucional fincado no inciso III do art. 1º da CF).

Poder-se-á dizer que os princípios i) da proteção e defesa dos direitos dos trabalhadores pelo Estado; e ii) da norma mais favorável ao trabalhador ganharam garantia e forte densidade constitucional na CF de 1988.

Nesse ponto, cabe salientar, a completa incompatibilidade do art. 461 da CLT com a redação dada pela Lei n. 13.467/2017 com os referidos preceitos constitucionais.

A regra do *caput* do art. 461 da CLT é elaborada através de uma retórica inteligente e um sutil jogo de máscaras, onde estabelece a redução de direitos trabalhistas, sem ao menos permitir a exata percepção de como isso ocorreu.

Isto porque, a regra do *caput* e do § 1º do art. 461 da CLT ao restringir a possibilidade da equiparação – apenas – entre empregados do mesmo estabelecimento, bem como ao admitir a possibilidade de salários diferentes por conta de tempo de serviço e não por conta de tempo no exercício da função, restringe de forma artificiosa, abusiva e viola os próprios direitos mínimos e civilizatórios estabelecidos no *caput* e incisos do art. 7º da CF, entre outros, como férias, 13º salário, descanso semanal remunerado e FGTS (com multa de 40%), aviso-prévio, que foram diretamente afetados, tendo em vista que, por força do *caput* do art. 461 da CLT, mantém-se aqueles direitos constitucionais só na casca, pois, subtrai-se de seu conteúdo o valor a impedir a equiparação salarial de empregados no mesmo município ou região metropolitana – disciplinando a questão de forma distinta do item X da Súmula n. 6 do TST.

Noutras palavras, o *caput* do art. 461 da CLT incide em violação ao *caput* e incisos I até XXXIV do art. 7º da CF, uma vez que lhes rouba a densidade, na medida que lhes subtrai o conteúdo e o valor ao impedir a equiparação salarial entre pessoas que prestem serviço de igual valor ao mesmo empregador na mesma cidade ou região metropolitana.

3º PONTO: Da violação do *caput* e inciso I do art. 5º da CF – na medida que possibilita a discriminação salarial de trabalhadores que prestam serviço de igual valor ao mesmo empregador na mesma cidade ou região metropolitana

A regra do *caput* do art. 461 da CLT ao restringir a possibilidade da equiparação entre empregados do mesmo estabelecimento restringe de forma artificiosa e abusiva viola os princípios da igualdade e da dignidade da pessoa humana e, assim, também, viola o inciso III do art. 1º e o *caput* e o inciso I do art. 5º da CF:

> "Art. 1º A República Federativa do Brasil, formada pela união indissolúvel dos Estados e Municípios e do Distrito Federal, constitui-se em Estado Democrático de Direito e tem como fundamentos:
>
> III – a dignidade da pessoa humana;"
>
> "Art. 5º Todos são iguais perante a lei, sem distinção de qualquer natureza, garantindo-se aos brasileiros e aos estrangeiros residentes no País a inviolabilidade do direito à vida, à liberdade, à igualdade, à segurança e à propriedade, nos termos seguintes:
>
> I – homens e mulheres são iguais em direitos e obrigações, nos termos desta Constituição;"

4º PONTO: Quadro de carreira e plano de cargos e salários

De acordo como o § 2º do art. 461 da CLT, o quadro de carreira e o plano de cargos e salários, adotado por norma interna da empresa ou negociação coletiva – disciplinando a questão de forma distinta do item I da Súmula n. 6 do TST –, com critério de promoção por antiguidade e merecimento, afastarão a norma da equiparação salarial, no entanto, deverão observar a questão da equidade dos critérios e a não ocorrência de desvio de função.

5º PONTO: Equiparação em cascata = paradigma remoto

O § 5º do art. 461 da CLT proíbe a indicação de paradigmas remotos, só admitindo a equiparação em face do paradigma contemporâneo, disciplinando a questão de forma distinta do item VI da Súmula n. 6 do TST.

6º PONTO: Multa pela inobservância da equiparação por conta de sexo e etnia

O § 6º do art. 461 da CLT estabelece o pagamento de multa de 50% do valor máximo dos benefícios do Regime Geral da Previdência social, especificamente, para hipótese da inobservância da igualdade salarial, por conta de sexo e etnia.

A multa do § 6º do art. 461 da CLT que estabelece o pagamento de multa de 50% do valor máximo dos benefícios do Regime Geral da Previdência social, especificamente, para hipótese da inobservância da igualdade salarial, por conta de sexo e etnia, na verdade, padece de pelo menos três vícios.

Primeiro, tendo em vista o valor irrisório ao invés de ter um caráter pedagógico estimula a discriminação por sexo e etnia, nesse sentido viola o inciso III do art. 1º da CF e o inciso V e X do art. 5º da CF.

Segundo, não observa os demais motivos – entre outros – de discriminação previstos nos incisos XXX, XXXI, XXXII do art. 7º da CF:

"XXX – proibição de diferença de salários, de exercício de funções e de critério de admissão por motivo de sexo, idade, cor ou estado civil;

XXXI – proibição de qualquer discriminação no tocante a salário e critérios de admissão do trabalhador portador de deficiência;

XXXII – proibição de distinção entre trabalho manual, técnico e intelectual ou entre os profissionais respectivos;"

Terceiro, não observa os demais motivos – entre outros – de discriminação previstos na Lei n. 9.029/95 (de sexo, origem, raça, cor, estado civil, situação familiar, deficiência, reabilitação profissional, idade, entre outros), sendo, nesse sentido o próprio § 6º do art. 461 da CLT discriminatório.

Por último, cumpre registrar que a penalidade específica da multa do § 6º do art. 461 da CLT, evidentemente, até porque não há referência em sentido contrário, é devida de forma cumulativa com a indenização própria da violação de direito da personalidade, do dano moral decorrente da discriminação.

REVERSÃO DO CARGO DE CONFIANÇA EM COMISSÃO E RETORNO À FUNÇÃO EFETIVA E SUPRESSÃO DA GRATIFICAÇÃO DE FUNÇÃO SEM JUSTO MOTIVO

Dispõe o § 2º do art. 468 da CLT (com a redação dada pela Lei n. 13.467/2017):

"Art. 468. ....

§ 1º ....

§ 2º A alteração de que trata o § 1º deste artigo, com ou sem justo motivo, não assegura ao empregado o direito à manutenção do pagamento da gratificação correspondente, que não será incorporada, independentemente do tempo de exercício da respectiva função." (NR)

COMENTÁRIOS

1º PONTO: Do direito intertemporal

A lei nova não se aplica aos contratos celebrados antes da sua vigência.

Isto porque, se a lei alcançar os efeitos futuros de contratos celebrados anteriormente a ela, será essa lei retroativa (retroatividade mínima) porque vai intervir na causa, que é um ato ou fato ocorrido no passado.

De forma, que a aplicação dessas regras da lei nova para os contratos já constituídos ao tempo da lei anterior importaria em violação do ato jurídico perfeito, protegido pelo inciso XXXVI do art. 5º da CF.

Realmente, não há dúvida de que, se a lei alcançar os efeitos futuros dos contratos celebrados anteriormente a ela, será essa lei retroativa porque vai interferir na causa, que é um ato ou fato ocorrido no passado. Nesse caso, a aplicação imediata se faz, mas com efeito retroativo.

Tendo em vista que a lei nova não se aplica aos contratos celebrados antes da sua vigência, por conta da regra de direito intertemporal e a impossibilidade de se atingir ato jurídico perfeito, como é o contrato de trabalho constituído antes da vigência da Lei n. 13.467/2017, a disciplina da reversão do cargo de confiança e supressão da gratificação de função se fará de acordo com o regramento legal e entendimento jurisprudencial dele consolidado impositivo que se incorporou ao contrato de trabalho.

Com efeito, os contratos de trabalho constituídos ou assinados antes da vigência da Lei n. 13.467/2017 (11.11.2017), tem como imposta contratualmente e, ainda, pela lei anterior certas cláusulas obrigatórias, que passam a integrar o contrato de trabalho como fruto da vontade, e, consequentemente, daí resulta que esse contrato com essa cláusula, como ato jurídico perfeito, tem seus efeitos (ainda que futuros) postos a salvo da nova lei.

2º PONTO: Impunidade na reversão ilícita

O § 2º ao admitir a reversão sem justo motivo, possibilita a reversão punitiva e, ainda, desconsideração a estabilidade financeira quando o empregado ocupou a função por mais de 10 anos, disciplinando a questão de forma diametralmente oposta ao que constava na Súmula n. 372 do TST.

Da Rescisão Contratual e Pagamento das Verbas Rescisórias

Dispõe o art. 477 *caput* e §§ da CLT (com a redação dada pela Lei n. 13.467/2017):

"Art. 477. Na extinção do contrato de trabalho, o empregador deverá proceder à anotação na Carteira de Trabalho e Previdência Social, comunicar a dispensa aos órgãos competentes e realizar o pagamento das verbas rescisórias no prazo e na forma estabelecidos neste artigo.

§ 1º (Revogado).

....

§ 3º (Revogado).

§ 4º O pagamento a que fizer jus o empregado será efetuado:

I – em dinheiro, depósito bancário ou cheque visado, conforme acordem as partes; ou

II – em dinheiro ou depósito bancário quando o empregado for analfabeto.

....

§ 6º A entrega ao empregado de documentos que comprovem a comunicação da extinção contratual aos órgãos competentes bem como o pagamento dos valores constantes do instrumento de rescisão ou recibo de quitação deverão ser efetuados até dez dias contados a partir do término do contrato.

a) (revogada);

b) (revogada).

§ 7º (Revogado).

....

§ 10. A anotação da extinção do contrato na Carteira de Trabalho e Previdência Social é documento hábil para requerer o benefício do seguro-desemprego e a movimentação da conta vinculada no Fundo de Garantia do Tempo de Serviço, nas hipóteses legais, desde que a comunicação prevista no *caput* deste artigo tenha sido realizada." (NR)

COMENTÁRIOS

1º PONTO: Do direito intertemporal

Não se tratando de regra contratual integrante de um ato jurídico perfeito entre particulares, mas sim, de norma de fiscalização administrativa e sindical, e, diante da extinção dos órgãos homologatórios, a extinção dos contratos não passarão mais pela homologação administrativa do Ministério do Trabalho ou Sindical.

2º PONTO: Da ideologia da lei

A alardeada premissa legislativa da Lei n. 13.467/2017 no sentido de que se pretendia reforçar a negociação coletiva a prevalecer sobre o legislado, se revela uma falácia de fácil demonstração, a partir do art. 477-A da CLT.

Isto porque, na medida que se excluiu o sindicato da vida do trabalhador no momento mais difícil da relação de trabalho. Isto porque, numa só penada a Lei n. 13.467/2017 afasta a negociação com o sindicato nas dispensas coletivas (art. 477-A), e, ainda, se afasta o sindicato de participar do ato da homologação das dispensas individuais (art. 477).

3º PONTO: Do prazo de pagamento

O prazo do pagamento das verbas rescisórias deverá ser feito no prazo de 10 dias contatos do término do contrato de trabalho.

Dessa forma, o pagamento não se fará mais no prazo de 10 dias contado da dação do aviso-prévio quando esse for dispensado de cumprimento ou indenizado, em mais um retrocesso.

4º PONTO: Do pagamento em dinheiro

A autorização para o pagamento em dinheiro ao invés do depósito bancário prévio e comprovado – como exigiam os sindicatos – dá margem a fraude, devendo ser exigida a comprovação do trânsito financeiro do dinheiro.

Da Dispensa Coletiva e Exclusão Sindical

Dispõe o *caput* art. 477-A da CLT (com a redação dada pela Lei n. 13.467/2017):

"Art. 477-A. As dispensas imotivadas individuais, plúrimas ou coletivas equiparam-se para todos os fins, não havendo necessidade de autorização prévia de entidade sindical ou de celebração de convenção coletiva ou acordo coletivo de trabalho para sua efetivação."

COMENTÁRIOS

1º PONTO: Do direito intertemporal

Não se tratando de regra contratual integrante de um ato jurídico perfeito entre particulares, mas sim, de norma de atuação e atividade sindical, a questão não deve ser resolvida sob o prisma do respeito ao ato jurídico perfeito e ao direito adquirido, mas, do respeito a função inerente a atividade sindical, até porque, praticamente, a lei estabelece de forma inconstitucional uma autorização para uma conduta antissindical patronal.

2º PONTO: Da ideologia hiperliberal encarnada na lei

A alardeada premissa do processo legislativo que gerou a Lei n. 13.467/2017 de que se pretendia reforçar a negociação coletiva a prevalecer sobre o legislado, se revela uma falácia de fácil demonstração, a partir do art. 477-A da CLT.

Isto porque, na medida que se excluiu o sindicato da vida do trabalhador no momento mais difícil da relação de trabalho. Isto porque, numa só penada a Lei n. 13.467/2017 afasta a negociação com o sindicato nas dispensas coletivas (art. 477-A), e, ainda, se afasta o sindicato de participar do ato da homologação das dispensas individuais (art. 477).

3º PONTO: Da inconstitucionalidade em face dos incisos VI, XIV e XXVI do art. 7º e do inciso II do art. 8º da CF

Na verdade, a exclusão e o afastamento do Sindicato das dispensas coletivas atenta contra o princípio da liberdade sindical e mais contra o princípio da autonomia sindical e mais da própria atuação sindical.

A Carta Magna elevou ao plano constitucional, máxima hierárquica normativa, a prerrogativa do Sindicato de atuar na defesa dos direitos e interesses coletivos ou individuais da categoria profissional:

"Art. 8º (...) II – ao sindicato cabe a defesa dos direitos e interesses coletivos ou individuais da categoria, inclusive em questões judiciais ou administrativas;"

Dessa forma, a exclusão da necessidade da negociação prévia com a entidade sindical para se proceder a dispensa coletiva afronta frontal e literalmente o disposto no inciso II do art. 8º da CF.

Aliás, a Constituição Federal é clara ao estabelecer que alterações contratuais prejudiciais ao empregado, como é o caso da dispensa coletiva, dependem da intervenção sindical, consoante estabelecem os incisos VI, XIV e XXVI do art. 7º da CF:

"VI – irredutibilidade do salário, salvo o disposto em convenção ou acordo coletivo;

XIV – jornada de seis horas para o trabalho realizado em turnos ininterruptos de revezamento, salvo negociação coletiva"

XXVI – reconhecimento das convenções e acordos coletivos de trabalho"

Do PDV e da Quitação Geral

Dispõe o *caput* art. 477-B da CLT (com a redação dada pela Lei n. 13.467/2017):

"Art. 477-B. Plano de Demissão Voluntária ou Incentivada, para dispensa individual, plúrima ou coletiva, previsto em convenção coletiva ou acordo coletivo de trabalho, enseja quitação plena e irrevogável dos direitos decorrentes da relação empregatícia, salvo disposição em contrário estipulada entre as partes."

COMENTÁRIOS

1º PONTO: Do direito intertemporal

O referido preceito veio de encontro ao entendimento do STF sobre a matéria, proferido no RE 590.415/SC. Ou seja, o *caput* do art. 477-B da CLT, a rigor, apenas acompanhou o que Supremo Tribunal Federal entendia como a norma aplicável à espécie já antes da Lei n. 13.467/2017. Assim, não há propriamente qualquer inovação legislativa.

No julgamento do RE 590.415/SC se fixou como condição *sine qua non* da quitação geral que essa condição tenha constatado, expressamente, do acordo coletivo que aprovou o plano, bem como dos demais instrumentos celebrados com o empregado.

2º PONTO: Da disposição em contrário

A parte final do art. 477-B da CLT, não altera a necessidade da transparência do ato em observância ao princípio da boa-fé e da probidade contratual no sentido de que essa condição tenha constatado, expressamente, do acordo coletivo que aprovou o plano, bem como dos demais instrumentos celebrados com o empregado.

A inteligência possível que se pode fazer da parte final do art. 477-B da CLT é que no acordo do PDV deve constar, obrigatoriamente, se haverá ou não quitação geral do contrato individual do trabalho, até porque, não se pode admitir que haja renúncia de direitos individuais sem a participação e esclarecimento direto do sujeito interessado.

XXXIII

Da Justa Causa da Alínea *m* do art. 482 da CLT

Dispõe a alínea *m* do art. 482 da CLT (com a redação dada pela Lei n. 13.467/2017):

"Art. 482. ....

....

m) perda da habilitação ou dos requisitos estabelecidos em lei para o exercício da profissão, em decorrência de conduta dolosa do empregado.

COMENTÁRIOS

1º PONTO: Do direito intertemporal

A lei nova não se aplica aos contratos celebrados antes da sua vigência.

2º PONTO: Justa Causa por conta de situação externa

A alínea *m* do art. 482 da CLT estabelece uma interferência da conduta externa do empregado no campo da relação de emprego com a intensidade de se estabelecer uma figura típica para justa causa e não uma mera rescisão contratual imotivada por impossibilidade de execução contratual.

XXXIV

Do Acordo para a Rescisão Contratual

Dispõe o art. 484-A da CLT:

"Art. 484-A. O contrato de trabalho poderá ser extinto por acordo entre empregado e empregador, caso em que serão devidas as seguintes verbas trabalhistas:

I – por metade:

a) o aviso-prévio, se indenizado; e

b) a indenização sobre o saldo do Fundo de Garantia do Tempo de Serviço, prevista no § 1º do art. 18 da Lei n. 8.036, de 11 de maio de 1990;

II – na integralidade, as demais verbas trabalhistas.

§ 1º A extinção do contrato prevista no *caput* deste artigo permite a movimentação da conta vinculada do trabalhador no Fundo de Garantia do Tempo de Serviço na forma do inciso I-A do art. 20 da Lei n. 8.036, de 11 de maio de 1990, limitada até 80% (oitenta por cento) do valor dos depósitos.

§ 2º A extinção do contrato por acordo prevista no *caput* deste artigo não autoriza o ingresso no Programa de Seguro-Desemprego."

COMENTÁRIOS

1º PONTO: Do direito intertemporal

Em se tratando de situação jurídica ancorada no ato jurídico perfeito (contrato) – ou seja, não sendo o caso de situações institucionais/estatutárias – a lei nova (Lei n. 13.467/2017 e a Medida Provisória n. 808/2017) não se aplica aos contratos celebrados antes da sua vigência, sob pena de violação do ato jurídico perfeito e de direitos adquiridos protegidos pelo do inciso XXXVI do art. 5º da CF.

Isto porque, se a lei alcançar os efeitos futuros de contratos celebrados anteriormente a ela, será essa lei retroativa (retroatividade mínima) porque vai intervir na causa, que é um ato ou fato ocorrido no passado.

De forma, que a aplicação dessas regras da lei nova para os contratos já constituídos ao tempo da lei anterior, importaria em violação da segurança jurídica, o ato jurídico perfeito e de situações jurídicas e direitos adquiridos protegidos pelo inciso XXXVI do art. 5º da CF.

Realmente, não há dúvida não de que, se a lei alcançar os efeitos futuros dos contratos celebrados anteriormente a ela, será essa lei retroativa porque vai interferir na causa, que é um ato ou fato ocorrido no passado. Nesse caso, a aplicação imediata se faz, mas com efeito retroativo.

Tendo em vista que a lei nova não se aplica aos contratos celebrados antes da sua vigência, por conta da regra de direito intertemporal e a impossibilidade de se atingir ato jurídico perfeito, como é o contrato de trabalho constituído antes da vigência da Lei n. 13.467/2017, a indenização das verbas rescisórias se fará de acordo com o regramento legal impositivo e da jurisprudência consolidada que se incorporou ao contrato de trabalho.

Com efeito, os contratos de trabalho constituídos ou assinados antes da vigência da Lei n. 13.467/2017 (11.11.2017), tem como imposta contratualmente (ato jurídico perfeito) e, ainda, que escoradas pela lei anterior (direito adquirido a determinado *status* jurídico ou a segurança jurídica – arts. 444 e 468 da CLT) certas cláusulas obrigatórias – como que as alterações contratuais ainda que bilaterais, se prejudiciais ao empregado não tem validade (são nulas) – , que passam a integrar o contrato de trabalho como fruto da vontade, e, consequentemente, daí resulta que esse contrato com essa cláusula e direito, como ato jurídico perfeito, tem seus efeitos (ainda que futuros) postos a salvo de modificações que a nova lei faça com relação a tais cláusulas e direitos.

"Apesar de impostas pela lei certas cláusulas como obrigatórias num contrato, uma vez apostas a ele passam a integrá-lo como fruto da vontade inclusive da parte que a ele adere, e, consequentemente, daí resulta que esse contrato, como ato jurídico perfeito, tem os seus efeitos futuros postos a salvo de modificações que a lei nova faça com relação a tais cláusulas, as quais somente são imperativas para os contratos que vierem a celebrar-se depois de sua entrada em vigor."

"Essa distinção que impõe às partes contratantes a adoção de cláusulas contratuais imperativas. Nem por isso essas cláusulas deixam de integrar o contrato, que, com o ato jurídico perfeito, está a salvo das modificações posteriores que outras leis infraconstitucionais venham impor na redação dessas cláusulas."

Até porque, representa uma excessiva redução de direitos do empregado presente no tempo do ato jurídico perfeito (da constituição do contrato de trabalho).

Com efeito, os contratos de trabalho constituídos ou assinados antes da vigência da Lei n. 13.467/2017 (11.11.2017), têm como imposta contratualmente e, ainda, escorados pelo direito adquirido derivado de situação jurídica fixada pela lei anterior certas cláusulas obrigatórias, que passam a integrar o contrato de trabalho como fruto da vontade, e, consequentemente, daí resulta que esse contrato com essa cláusula, como ato jurídico perfeito, tem seus efeitos (ainda que futuros e pelo princípio da segurança jurídica e pela garantia do respeito ao ato jurídico perfeito e ao direito adquirido) postos a salvo da nova lei.

2º PONTO: Acordos e pagamentos pela metade de aviso-prévio e multa do FGTS

O art. 484-A da CLT estabelece a possibilidade da demissão a pedido acordada com pagamento pela metade do aviso-prévio e da multa do FGTS.

3º PONTO: Perda do Seguro-Desemprego e Retenção de 20% do FGTS pelo Governo

Injustificável a retenção pelo Governo de 20% do FGTS do trabalhador em tal hipótese.

A perda do seguro desemprego só se justificaria se o empregado tivesse saído para outro emprego e não por qualquer tipo de necessidade, ficando desempregado e com a renúncia desse direito.

XXXV

Da Cláusula Compromissória de Arbitragem e a Lei da Arbitragem e o § 1º do art. 114 da CF

Dispõe o art. 507-A da CLT

"Art. 507-A. Nos contratos individuais de trabalho cuja remuneração seja superior a duas vezes o limite máximo estabelecido para os benefícios do Regime Geral de Previdência Social, poderá ser pactuada cláusula compromissória de arbitragem, desde que por iniciativa do empregado ou mediante a sua concordância expressa, nos termos previstos na Lei n. 9.307, de 23 de setembro de 1996."

COMENTÁRIOS

1º PONTO: Do direito intertemporal

Em se tratando de situação jurídica ancorada no ato jurídico perfeito (contrato) – ou seja, não sendo o caso de situações institucionais/estatutárias – a lei nova (Lei n. 13.467/2017 e a Medida Provisória n. 808/2017) não se aplica aos contratos celebrados antes da sua vigência, sob pena de violação do ato jurídico perfeito e de direitos adquiridos protegidos pelo do inciso XXVI do art. 5º da CF.

Isto porque, se a lei alcançar os efeitos futuros de contratos celebrados anteriormente a ela, será essa lei retroativa (retroatividade mínima) porque vai intervir na causa, que é um ato ou fato ocorrido no passado.

De forma, que a aplicação dessas regras da lei nova para os contratos já constituídos ao tempo da lei anterior importaria em violação da segurança jurídica, o ato jurídico perfeito e de situações jurídicas e direitos adquiridos, protegido pelo inciso XXXVI do art. 5º da CF.

Realmente, não há dúvida de que, se a lei alcançar os efeitos futuros dos contratos celebrados anteriormente a ela, será essa lei retroativa porque vai interferir na causa, que é um ato ou fato ocorrido no passado. Nesse caso, a aplicação imediata se faz, mas com efeito retroativo.

Tendo em vista que a lei nova não se aplica aos contratos celebrados antes da sua vigência, por conta da regra de direito intertemporal e a impossibilidade de se atingir ato jurídico perfeito, como é o contrato de trabalho constituído antes da vigência da Lei n. 13.467/2017, a disciplina da arbitragem laboral se fará de acordo com o regramento legal impositivo e com a jurisprudência do entendimento dele consolidado que se incorporou ao contrato de trabalho.

Com efeito, os contratos de trabalho constituídos ou assinados antes da vigência da Lei n. 13.467/2017 (11.11.2017), tem como imposta contratualmente (ato jurídico perfeito) e, ainda, que escoradas pela lei anterior (– direito adquirido a determinado *status* jurídico ou a segurança jurídica – arts. 444 e 468 da CLT) certas cláusulas obrigatórias – como que as alterações contratuais ainda que bilaterais, sem distinção do nível de progressão do sistema de ensino ou do padrão salarial, se prejudiciais ao empregado não tem validade (são nulas) – , que passam a integrar o contrato de trabalho como fruto da vontade, e, consequentemente, daí resulta que esse contrato com essa cláusula, como ato jurídico perfeito, tem seus efeitos (ainda que futuros) postos a salvo de modificações que a nova lei faça com relação a tais cláusulas.

"Apesar de impostas pela lei certas cláusulas como obrigatórias num contrato, uma vez apostas a ele passam a integrá-lo como fruto da vontade inclusive da parte que a ele adere, e, consequentemente, daí resulta que esse contrato, como ato jurídico perfeito, tem os seus efeitos futuros postos a salvo de modificações que a lei nova faça com relação a tais cláusulas, as quais somente são imperativas para os contratos que vierem a celebrar-se depois de sua entrada em vigor."

"Essa distinção que impõe às partes contratantes a adoção de cláusulas contratuais imperativas. Nem por isso essas cláusulas deixam de integrar o contrato, que, com o ato jurídico perfeito, está a salvo das modificações posteriores que outras leis infraconstitucionais venham impor na redação dessas cláusulas."

Com efeito, os contratos de trabalho constituídos ou assinados antes da vigência da Lei n. 13.467/2017 (11.11.2017), tem como imposta contratualmente e, ainda, escorados pelo direito adquirido derivado da situação jurídica fixada pela lei anterior certas cláusulas obrigatórias, que passam a integrar o contrato de trabalho como fruto da vontade, e, consequentemente, daí resulta que esse contrato com essa cláusula, como ato jurídico perfeito, tem seus efeitos (ainda que futuros e pelo princípio da segurança jurídica e pela garantia do respeito ao ato jurídico perfeito e ao direito adquirido) postos a salvo da nova lei.

2º PONTO: A necessidade de compatibilidade com a única exceção ao monopólio do controle jurisdicional (pela Justiça do Trabalho) da tutela dos direitos trabalhistas, conforme *caput* e § 1º do art. 114 da CF (que só admite a arbitragem na esfera do direito coletivo)

A regra do art. 507-A da CLT é inconstitucional, posto que a Constituição Federal, na esfera trabalhista, só abre mão do monopólio Estatal da tutela jurídica, no caso do direito coletivo, não admitindo, *contrario sensu*, no direito individual do trabalho.

Realmente, o *caput* do art. 114 da CF estabelece que compete a Justiça do Trabalho processar e julgar todos os litígios trabalhistas, abrindo, uma única exceção, que consta no § 1º do art. 114 da CF que é a arbitragem na esfera do direito coletivo, quando frustrada a negociação coletiva:

"§ 1º Frustrada a negociação coletiva, as partes poderão eleger árbitros."

3º PONTO: A necessidade de compatibilidade com o microssistema arbitral ou com a Lei (Geral) da Arbitragem (Lei n. 9.307/96) que só alberga direitos patrimoniais e disponíveis

A concepção de uma cláusula compromissória derivada da remuneração do indivíduo ou mesmo do valor do direito é incompatível com o microssistema da própria arbitragem.

Isto porque, a Lei n. 9.307/96 (Lei Geral da Arbitragem) estabelece como premissa básica que:

"Art. 1º As pessoas capazes de contratar poderão valer-se da arbitragem para dirimir **litígios relativos a direitos patrimoniais disponíveis.**"

Ou seja, não se pode definir a viabilidade da adesão de certa lide ao processo arbitral por conta do valor da remuneração de um sujeito, porque o acesso ao microssistema da arbitragem só é possível em razão da natureza do direito em litigio, ou seja, só quando ele for patrimonial e disponível.

Duas são as consequências imediatas.

Primeiro, já de plano, qualquer que seja o ramo do direito, ficam excluídos da arbitragem direitos de natureza não patrimonial, ou seja, relacionados a direitos extrapatrimoniais, inclusive, e especialmente, direitos trabalhistas de natureza extrapatrimoniais, *v.g.*, direitos da personalidade, direito de imagem, direito de arena, direitos relacionados a dignidade da pessoa humana, discriminação (despedida, promoção, contratação, sexo, idade, doença etc.), intimidade, liberdade de pensamento e consciência, lista negra, advertência, suspensão, transferência, rebaixamento etc.

Segundo, existem direitos patrimoniais com função não patrimonial, inclusive, de trato sucessivo.

A função não patrimonial do direito significa que ele não é reparável por um mero equivalente monetário, pois, contempla função que alcança a esfera moral da pessoa.

E, tais direitos existem, particularmente, na esfera trabalhista, como é caso de direito ao pagamento de prestações de caráter alimentar relativas a créditos ou pensões/pensionamento decorrente de acidente, salários, seguro saúde, as próprias férias e ao descanso e folga, que tem natureza de direito tutelar do trabalho pela função não patrimonial relacionada à vida, à sobrevivência, à dignidade, à saúde do empregado, à própria estabilidade ou garantia no emprego.

Terceiro, os próprios direitos trabalhistas *tour court* são indisponíveis, em especial, aqueles com densidade constitucional constantes do art. 7º da CF, que não poderiam ser levados ao ambiente da arbitragem.

4º PONTO: Dos § 5º e § 6º do art. 337 do CPC/2015 (c/c art. 15 do CPC) – da impossibilidade de conhecimento de ofício e da renúncia ao juízo arbitral

Dispõem os §§ 5º e 6º do art. 337 do CPC/2015, aplicável subsidiária e supletivamente ao processo do trabalho (art. 15 do CPC), que se não alegada, em contestação, importa a renúncia ao juízo arbitral:

> "5º Excetuadas a convenção de arbitragem e a incompetência relativa, o juiz conhecerá de ofício das matérias enumeradas neste artigo.
>
> § 6º A ausência de alegação da existência de convenção de arbitragem, na forma prevista neste Capítulo, implica aceitação da jurisdição estatal e renúncia ao juízo arbitral."

5º PONTO: Da distinção da cláusula arbitral do compromisso arbitral

É fundamental observar a distinção da cláusula arbitral do próprio compromisso arbitral, sem o qual não há como se proceder ao julgamento arbitral (arts. 4º, 9º e 10 e 11 da Lei n. 9.307/96).

DA QUITAÇÃO ANUAL

Dispõe o art. 507-B da CLT

"Art. 507-B. É facultado a empregados e empregadores, na vigência ou não do contrato de emprego, firmar o termo de quitação anual de obrigações trabalhistas, perante o sindicato dos empregados da categoria.

Parágrafo único. O termo discriminará as obrigações de dar e fazer cumpridas mensalmente e dele constará a quitação anual dada pelo empregado, com eficácia liberatória das parcelas nele especificadas."

COMENTÁRIOS

1º PONTO: Do direito intertemporal

A lei nova não se aplica aos contratos celebrados antes da sua vigência.

2º PONTO: Da inconstitucionalidade da distinção da proteção constitucional ao trabalhador (*caput* e incisos do art. 7º e do inciso II do art. 8º da CF)

A Constituição Federal quando quis excepcionar a aplicação ou autorizar alteração nos padrões mínimos estabelecidos no art. 7º da CF, apenas e tão somente, o fez por força de intervenção sindical, jamais por conta de distinção de trabalhadores derivada da remuneração ou escolaridade do trabalhador, consoante estabelecem os incisos VI, XIV e XXVI do art. 7º da CF:

"VI – irredutibilidade do salário, salvo o disposto em convenção ou acordo coletivo;

XIV – jornada de seis horas para o trabalho realizado em turnos ininterruptos de revezamento, salvo negociação coletiva"

XXVI – reconhecimento das convenções e acordos coletivos de trabalho"

Ademais, a CF, no inciso II do art. 8º, veda ao próprio sindicato a atuação que não seja na defesa dos direitos individuais e coletivos dos trabalhadores, ou se não autoriza negociações coletivas, em prejuízo do legislado, salvo nas hipóteses, expressamente, autorizadas pela Carta Magna:

"Art. 8º (...) II – ao sindicato cabe a defesa dos direitos e interesses coletivos ou individuais da categoria, inclusive em questões judiciais ou administrativas;"

Portanto, inadmissível se utilizar do Sindicato para se obter uma quitação geral das obrigações trabalhistas.

Até porque, a regra é totalmente estranha ao próprio sistema criado pela Lei n. 13.467/2017 que afasta o Sindicato das rescisões contratuais individuais (ao extinguir o ato de homologação da rescisão contratual para os empregados com mais de um ano de trabalho – art. 477 da CLT) e exclui a participação da entidade sindical nas despedidas coletivas (art. 477-A da CLT) e, por outro lado, com essa antinomia estabelece a utilização da inovadora homologação de quitação anual de contratos de trabalho em plena vigência e, assim, atinge o trabalhador – se quiser continuar sendo empregado – em situação de grande desvantagem e vulnerabilidade.

3º PONTO: Do instituto da lesão e do estado de perigo – vício objetivo (arts. 156 e 157 do CCB e art. 51 do CDC) – conceitos amortecedores ou válvulas de segurança (técnicas) do sistema da equidade

O Direito do Trabalho já agasalhava a teoria do vício objetivo pela desproporção das obrigações/prestações nos artigos 9º, 444 e 468 da CLT.

E essa teoria do vício objetivo foi copiada pelo novo Código Civil, mediante às figuras do instituto da lesão e do estado de perigo.

É elementar que nenhum empregado no curso da relação de empregado se submeteria, de livre e espontânea vontade, a outorgar anualmente quitação geral e plena de direitos que, possivelmente, sequer tem conhecimento (inclusive do ponto de vista jurídico) e que na maioria das vezes desconhece.

De fato, é irracional supor que o empregado venha, anualmente, a renunciar futuro acesso à justiça para reclamar direitos, se não fosse, exclusivamente, pelo estado de necessidade e de perigo face ao receio de ficar desempregado, outorgando uma quitação anual plena por nada, ou seja, sem contrapartida que não seja a continuidade do contrato de trabalho.

Patente, assim, a possibilidade de restar evidenciado o vício objetivo (independentemente do vício subjetivo da vontade) pelo estado de perigo (art. 156 do CCB) e pela lesão (art. 157 Código Civil), respectivamente, decorrente do estado de perigo dele e da sua família e do estado de necessidade, por conta da ameaça da perda do emprego e desse meio de subsistência.

Aliás, a ausência de contraprestação patronal deixará a toda evidência, não apenas o vício subjetivo, como o vício objetivo face a total e completa desproporção das obrigações e prestações, na medida que somente o empregado é que abre mão de direitos e fica com o prejuízo.

Nesse sentido, os arts. 156 e 157 do Código Civil e mesmo o art. 51 do Código de Defesa do Consumidor são consideradas nulas de pleno direito as cláusulas contratuais que estabeleçam obrigações consideradas iníquas, abusivas, que colocam o empregado em desvantagem e, que, por isso, são incompatíveis com a boa-fé ou a equidade, com o imperativo ético e moral, princípios inafastáveis do direito material e processo do trabalho.

O regramento dos arts. 157 e 158 do Código Civil e mesmo o art. 51 do Código de Defesa do Consumidor (aplicados subsidiariamente – art. 8 da CLT), poderá levar a se declarar como objetivamente nula – tendo em vista os princípios fixados nos mencionados dispositivos legais que vedam e taxam como nula as situações nas quais decorre uma desproporção, prejuízo e onerosidade excessiva entre as obrigações/prestações.

4º PONTO: Da responsabilidade direta do sindicato no caso da perda de direitos por culpa (imprudência, imperícia ou negligência) e dolo caso se identifiquem prejuízos para o empregado

O Sindicato deverá refletir bastante ao aceitar participar de tal procedimento, tendo em vista que se o mesmo tem efeito liberatório em face do empregador, por outro lado, abre a responsabilidade direta da entidade sindical no caso de prejuízo ao empregado derivado de culpa ou dolo, ou seja, o empregado ao invés de postular os direitos inadimplidos perante a empresa, o fará perante o Sindicato.

A atuação da entidade sindical, bem como seus dirigentes e corpo jurídico que participar do ato homologatório (arts. 932 e 933 do Código Civil), tendo em vista a extensão do efeito da homologação dada representará para a mesma sua responsabilidade direta por conta de perda de direitos derivada de culpa ou dolo de sua atuação.

XXXVII

Da Comissão de Fábrica

Dispõem os arts. 510-A, 510-B, 510-C, 510-D e 501-E da CLT (com a redação dada pela Lei n. 13.467/2017):

'Art. 510-A. Nas empresas com mais de duzentos empregados, é assegurada a eleição de uma comissão para representá-los, com a finalidade de promover-lhes o entendimento direto com os empregadores.

§ 1º A comissão será composta:

I – nas empresas com mais de duzentos e até três mil empregados, por três membros;

II – nas empresas com mais de três mil e até cinco mil empregados, por cinco membros;

III – nas empresas com mais de cinco mil empregados, por sete membros.

§ 2º No caso de a empresa possuir empregados em vários Estados da Federação e no Distrito Federal, será assegurada a eleição de uma comissão de representantes dos empregados por Estado ou no Distrito Federal, na mesma forma estabelecida no § 1º deste artigo.'

'Art. 510-B. A comissão de representantes dos empregados terá as seguintes atribuições:

I – representar os empregados perante a administração da empresa;

II – aprimorar o relacionamento entre a empresa e seus empregados com base nos princípios da boa-fé e do respeito mútuo;

III – promover o diálogo e o entendimento no ambiente de trabalho com o fim de prevenir conflitos;

IV – buscar soluções para os conflitos decorrentes da relação de trabalho, de forma rápida e eficaz, visando à efetiva aplicação das normas legais e contratuais;

V – assegurar tratamento justo e imparcial aos empregados, impedindo qualquer forma de discriminação por motivo de sexo, idade, religião, opinião política ou atuação sindical;

VI – encaminhar reivindicações específicas dos empregados de seu âmbito de representação;

VII – acompanhar o cumprimento das leis trabalhistas, previdenciárias e das convenções coletivas e acordos coletivos de trabalho.

§ 1º As decisões da comissão de representantes dos empregados serão sempre colegiadas, observada a maioria simples.

§ 2º A comissão organizará sua atuação de forma independente.'

'Art. 510-C. A eleição será convocada, com antecedência mínima de trinta dias, contados do término do mandato anterior, por meio de edital que deverá ser fixado na empresa, com ampla publicidade, para inscrição de candidatura.

§ 1º Será formada comissão eleitoral, integrada por cinco empregados, não candidatos, para a organização e o acompanhamento do processo eleitoral, vedada a interferência da empresa e do sindicato da categoria.

§ 2º Os empregados da empresa poderão candidatar-se, exceto aqueles com contrato de trabalho por prazo determinado, com contrato suspenso ou que estejam em período de aviso-prévio, ainda que indenizado.

§ 3º Serão eleitos membros da comissão de representantes dos empregados os candidatos mais votados, em votação secreta, vedado o voto por representação.

§ 4º A comissão tomará posse no primeiro dia útil seguinte à eleição ou ao término do mandato anterior.

§ 5º Se não houver candidatos suficientes, a comissão de representantes dos empregados poderá ser formada com número de membros inferior ao previsto no art. 510-A desta Consolidação.

§ 6º Se não houver registro de candidatura, será lavrada ata e convocada nova eleição no prazo de um ano.'

'Art. 510-D. O mandato dos membros da comissão de representantes dos empregados será de um ano.

§ 1º O membro que houver exercido a função de representante dos empregados na comissão não poderá ser candidato nos dois períodos subsequentes.

§ 2º O mandato de membro de comissão de representantes dos empregados não implica suspensão ou interrupção do contrato de trabalho, devendo o empregado permanecer no exercício de suas funções.

§ 3º Desde o registro da candidatura até um ano após o fim do mandato, o membro da comissão de representantes dos empregados não poderá sofrer despedida arbitrária, entendendo-se como tal a que não se fundar em motivo disciplinar, técnico, econômico ou financeiro.

§ 4º Os documentos referentes ao processo eleitoral devem ser emitidos em duas vias, as quais permanecerão sob a guarda dos empregados e da empresa pelo prazo de cinco anos, à disposição para consulta de qualquer trabalhador interessado, do Ministério Público do Trabalho e do Ministério do Trabalho.'"

Dispõe o art. 510-E da CLT (com a redação dada pela MP n. 808/2017, com vigência de 14.11.2017 a 23.04.2018):

"Art. 510-E. A comissão de representantes dos empregados não substituirá a função do sindicato de defender os direitos e os interesses coletivos ou individuais da categoria, inclusive em questões judiciais ou administrativas, hipótese em que será obrigatória a participação dos sindicatos em negociações coletivas de trabalho, nos termos do incisos III e VI do *caput* do art. 8º da Constituição."

COMENTÁRIOS

1º PONTO: Do direito intertemporal

Não se tratando de regra contratual integrante de um ato jurídico perfeito entre particulares, mas sim, de norma de atuação e atividade e representação sindical e/ou de uma coletividade, a questão não deve ser resolvida sob o prisma do respeito ao ato jurídico perfeito e ao direito adquirido, mas, do respeito a função inerente a atividade sindical da comissão de fábrica à luz da moldura constitucional.

2º PONTO: Da exclusão da participação de determinados empregados

O § 2º do art. 510-C da CLT optou pela exclusão da participação no pleito eletivo dos empregados com contrato de trabalho por prazo determinado, com o contrato suspenso ou que estejam em período de aviso-prévio.

Note-se, porém, que o contrato de trabalho a tempo parcial e o contrato de trabalho intermitente não são contratos prazo certo, portanto, tais empregados são elegíveis à comissão de fábrica.

3º PONTO: A obrigatoriedade da prestação de serviços

O § 2º do art. 510-D da CLT não permitiu o afastamento remunerado do empregado eleito para a comissão de fábrica para exercer as atividades inerentes ao exercício da função indicada nos itens I a VII do art. 510-B da CLT.

Dessa forma, resta uma questão a resolver: como fará e a que horas o trabalhador poderá desenvolver as atividades inerentes ao exercício da função indicada nos itens I a VII do art. 510-B da CLT?

4º PONTO: Da garantia de emprego

O § 3º do art. 510-D da CLT outorga ao representante da comissão de fábrica uma garantia de emprego nos seguintes termos: "§ 3º Desde o registro da candidatura até um ano após o fim do mandato, o membro da comissão de representantes dos empregados não poderá sofrer despedida arbitrária, entendendo-se como tal a que não se fundar em motivo disciplinar, técnico, econômico ou financeiro."

XXXVIII

Da Contribuição Sindical

Dispõem os arts. 545, 578, 582, 583 e 587 da CLT (com a redação dada pela Lei n. 13.467/2017):

"Art. 545. Os empregadores ficam obrigados a descontar da folha de pagamento dos seus empregados, desde que por eles devidamente autorizados, as contribuições devidas ao sindicato, quando por este notificados.

...." (NR)

"Art. 578. As contribuições devidas aos sindicatos pelos participantes das categorias econômicas ou profissionais ou das profissões liberais representadas pelas referidas entidades serão, sob a denominação de contribuição sindical, pagas, recolhidase aplicadas na forma estabelecida neste Capítulo, desde que prévia e expressamente autorizadas." (NR)

"Art. 579. O desconto da contribuição sindical está condicionado à autorização prévia e expressa dos que participarem de uma determinada categoria econômica ou profissional, ou de uma profissão liberal, em favor do sindicato representativo da mesma categoria ou profissão ou, inexistindo este, na conformidade do disposto no art. 591 desta Consolidação." (NR)

"Art. 582. Os empregadores são obrigados a descontar da folha de pagamento de seus empregados relativa ao mês de março de cada ano a contribuição sindical dos empregados que autorizaram prévia e expressamente o seu recolhimento aos respectivos sindicatos.

...." (NR)

"Art. 583. O recolhimento da contribuição sindical referente aos empregados e trabalhadores avulsos será efetuado no mês de abril de cada ano, e o relativo aos agentes ou trabalhadores autônomos e profissionais liberais realizar-se-á no mês de fevereiro, observada a exigência de autorização prévia e expressa prevista no art. 579 desta Consolidação.

...." (NR)

"Art. 587. Os empregadores que optarem pelo recolhimento da contribuição sindical deverão fazê-lo no mês de janeiro de cada ano, ou, para os que venham a se estabelecer após o referido mês, na ocasião em que requererem às repartições o registro ou a licença para o exercício da respectiva atividade." (NR)

"Art. 602. Os empregados que não estiverem trabalhando no mês destinado ao desconto da contribuição sindical e que venham a autorizar prévia e expressamente o recolhimento serão descontados no primeiro mês subsequente ao do reinício do trabalho.

...." (NR)

COMENTÁRIOS

1º PONTO: Do direito intertemporal

Não se tratando de regra contratual integrante de um ato jurídico perfeito entre particulares, assim, a questão não deve ser resolvida sob o prisma do respeito ao ato jurídico perfeito e ao direito adquirido.

2º PONTO: Da extinção da obrigatoriedade do imposto sindical

De acordo com os arts. 545, 578, 579, 582 e 583 da CLT extingue-se o imposto sindical obrigatório, sobre o qual assenta-se o funcionamento dos sindicatos dos empregados e apenas de 10% da receita dos sindicatos patronais, uma vez que ficaram mantidas as contribuições obrigatórias do sistema S – que representam mais de 60% da receita dos sindicatos patronais, o que abala a paridade de forças para legitimar o negociado sobre o legislado.

XXXIX

Convenção Coletiva, Nulidades e Acesso à Justiça (art. 611-A)

Dispõem o art. 611-A e seus parágrafos da CLT (com a redação dada pela Lei n. 13.467/2017):

"Art. 611-A. A convenção coletiva e o acordo coletivo de trabalho, observados os incisos III e VI do *caput* do art. 8º da Constituição, têm prevalência sobre a lei quando, entre outros, dispuserem sobre:

I – pacto quanto à jornada de trabalho, observados os limites constitucionais;

II – banco de horas anual;

III – intervalo intrajornada, respeitado o limite mínimo de trinta minutos para jornadas superiores a seis horas;

IV – adesão ao Programa Seguro-Emprego (PSE), de que trata a Lei n. 13.189, de 19 de novembro de 2015;

V – plano de cargos, salários e funções compatíveis com a condição pessoal do empregado, bem como identificação dos cargos que se enquadram como funções de confiança;

VI – regulamento empresarial;

VII – representante dos trabalhadores no local de trabalho;

VIII – teletrabalho, regime de sobreaviso, e trabalho intermitente;

IX – remuneração por produtividade, incluídas as gorjetas percebidas pelo empregado, e remuneração por desempenho individual;

X – modalidade de registro de jornada de trabalho;

XI – troca do dia de feriado;

XII – enquadramento do grau de insalubridade e prorrogação de jornada em locais insalubres, incluída a possibilidade de contratação de perícia, afastada a licença prévia das autoridades competentes do Ministério do Trabalho, desde que respeitadas, na integralidade, as normas de saúde, higiene e segurança do trabalho previstas em lei ou em normas regulamentadoras do Ministério do Trabalho;

XIV – prêmios de incentivo em bens ou serviços, eventualmente concedidos em programas de incentivo;

XV – participação nos lucros ou resultados da empresa.

§ 1º No exame da convenção coletiva ou do acordo coletivo de trabalho, a Justiça do Trabalho observará o disposto no § 3º do art. 8º desta Consolidação.

§ 2º A inexistência de expressa indicação de contrapartidas recíprocas em convenção coletiva ou acordo coletivo de trabalho não ensejará sua nulidade por não caracterizar um vício do negócio jurídico.

§ 3º Se for pactuada cláusula que reduza o salário ou a jornada, a convenção coletiva ou o acordo coletivo de trabalho deverão prever a proteção dos empregados contra dispensa imotivada durante o prazo de vigência do instrumento coletivo.

§ 4º Na hipótese de procedência de ação anulatória de cláusula de convenção coletiva ou de acordo coletivo de trabalho, quando houver a cláusula compensatória, esta deverá ser igualmente anulada, sem repetição do indébito.

§ 5º Os sindicatos subscritores de convenção coletiva ou de acordo coletivo de trabalho participarão, como litisconsortes necessários, em ação coletiva que tenha como objeto a anulação de cláusulas desses instrumentos.

Dispõem o art. 611-A da CLT (com a redação dada pela MP n. 808/2017, com vigência de 14.11.2017 a 23.04.2018):

"Art. 611-A. A convenção coletiva e o acordo coletivo de trabalho, observados os incisos III e VI do *caput* do art. 8º da Constituição, têm prevalência sobre a lei quando, entre outros, dispuserem sobre:

XII – enquadramento do grau de insalubridade e prorrogação de jornada em locais insalubres, incluída a possibilidade de contratação de perícia, afastada a licença prévia das autoridades competentes do Ministério do Trabalho, desde que respeitadas, na integralidade, as normas de saúde, higiene e segurança do trabalho previstas em lei ou em normas regulamentadoras do Ministério do Trabalho;

§ 5º Os sindicatos subscritores de convenção coletiva ou de acordo coletivo de trabalho participarão, como litisconsortes necessários, em ação coletiva que tenha como objeto a anulação de cláusulas desses instrumentos, vedada a apreciação por ação individual."

COMENTÁRIOS

1º PONTO: Do direito intertemporal

A lei nova não se aplica às convenções coletiva celebradas antes da sua vigência.

Isto porque, se a lei alcançar os efeitos futuros de contratos celebrados anteriormente a ela, será essa lei retroativa (retroatividade mínima) porque vai intervir na causa, que é um ato ou fato ocorrido no passado.

2º PONTO: Da hierarquia constitucional da garantia e defesa dos direitos dos trabalhadores e da inconstitucionalidade do art. 611-A da CLT (em face do *caput* e incisos do art. 7º e *caput* e incisos do art. 8º da CF).

Destaque-se a hierarquia constitucional dos valores envolvidos que devem ser objeto de investigação: i) a proteção ao trabalhador (*caput* e incisos do art. 7º e 8º da CF); e ii) o princípio das normas mais favoráveis (melhoria da condição social), e, atuação do Sindicato na defesa dos interesses e de direitos individuais e coletivos (inciso II do art. 8º da CF).

Dispõe o *caput* do art. 7º da CF:

"Art. 7º São direitos dos trabalhadores urbanos e rurais, além de outros que visem à melhoria de sua condição social:"

Portanto, o sistema jurídico brasileiro impõe no tocante ao tema da aplicação imediata da lei nova a observância fixada hierarquicamente, no plano constitucional: i) da garantia do respeito as normas de proteção dos interesses do trabalhador pelo Estado, além de outras normas que visem à melhoria de sua condição social (*caput* do art. 7º da CF); e, ii) do princípio da norma mais favorável.

Assim, a proteção dos direitos trabalhistas, no sistema jurídico brasileiro, alcançou tal relevância, que tem hierarquia constitucional e está inserida no título dos Direitos Sociais que integram as Garantias Fundamentais (*caput* e incisos do art. 7º e 8º da CF)

A Constituição Federal de 1988 ao regular os direitos e garantias fundamentais, inclui em seu capítulo II – Dos Direitos Sociais, e, ainda os arts. 7º e 8º que cuidam dos direitos trabalhistas: "Art. 7º São direitos dos trabalhadores urbanos e rurais, além de outros que visem à melhoria de sua condição social".

Ou seja, por ordem constitucional, o Estado e o Sindicato devem atuar na defesa e na proteção dos direitos trabalhistas e na criação de regras e institutos que proporcionem à melhoria da condição social, noutros termos, uma atuação buscando normas e institutos mais favoráveis ao trabalhador.

No art. 7º da CF, especialmente, no seu *caput*, a Constituição Federal do Brasil, ao disciplinar os direitos e garantias fundamentais, estabeleceu a obrigatoriedade da promoção pelo Estado Brasileiro (Legislativo, Executivo e Judiciário) da defesa e proteção do trabalhador, como um dos princípios da ordem social e econômica brasileira a limitar a autonomia da vontade e a livre iniciativa, em conformidade com os ditames da justiça distributiva (justa e solidária) que assegure aos trabalhadores uma existência digna (outro elemento de garantia constitucional fincado no inciso III do art. 1º da CF).

Poder-se-á dizer que o princípio da norma mais favorável ao trabalhador ganhou *status* de garantia e hierarquia constitucional na CF de 1988.

Nesse sentido, o *caput* do art. 7º da CF ("Art. 7º São direitos dos trabalhadores urbanos e rurais, além de outros que visem à melhoria de sua condição social.") estabelece mais que dois princípios constitucionais fundamentais, mas, uma dupla garantia constitucional: i) de proteção; e ii) defesa do direito do trabalho pelo Estado.

Assim, em primeiro lugar, ao estabelecer o objetivo do direito laboral como da busca da melhoria da condição social, o *caput* do art. 7º da CF fixa no plano constitucional a garantia e a defesa dos direitos trabalhistas em face de leis infraconstitucionais que fixem – de maneira inconstitucional – normas em prejuízo ou em retrocesso das condições sociais já obtidas pelos trabalhadores pelo conjunto da CLT e leis esparsas até então vigentes.

E, em segundo lugar, o *caput* do art. 7º da CF eleva ao nível constitucional a garantia da observância da norma mais favorável em face da lei infraconstitucional nova que represente retrocesso social.

Exatamente, por isso, as exceções ao princípio e, mais que isso, a garantia constitucional inserida no *caput* do art. 7º da CF, estão devidamente indicadas nos próprios incisos do art. 7º da CF, ou seja, nos incisos VI, XIV do art. 7º da Carta Magna.

Não bastasse isso, o inciso III do art. 8º da CF em consonância com o *caput* e incisos do art. 7º da CF estabelece que ao Sindicato cabe a defesa – e não a renúncia – dos direitos coletivos ou individuais dos trabalhadores:

"III – ao sindicato cabe a defesa dos direitos e interesses coletivos ou individuais da categoria, inclusive em questões judiciais ou administrativas;"

3º PONTO: Da inconstitucionalidade do art. 611-A diante do inciso III do art. 8º da CF

Dispõe o inciso III do art. 8º da CF:

"III – ao sindicato cabe a defesa dos direitos e interesses coletivos ou individuais da categoria, inclusive em questões judiciais ou administrativas;"

Como se extrai da leitura do *caput* do art. 7º e do inciso III do art. 8º da CF, a Carta Magna ao proteger os direitos do trabalho, por sua própria natureza (direitos trabalhistas), e, ainda, ao fixar direitos, não autoriza a possibilidade que a lei ordinária possa estabelecer uma autorização para que o Sindicato possa negociar *in pejus* ou renunciar direitos individuais trabalhistas, de maneira que se permitisse a estipulação por lei ordinária da prevalência do negociado pelo sindicato sobre o legislado em situação prejudicial, ou seja, em detrimento da melhoria da condição social programada pelo legislador constitucional, até porque, não é dado a terceiro renunciar direitos individuais alheios.

Assim, a CF, no inciso II do art. 8º, veda ao próprio sindicato a atuação que não seja na defesa dos direitos individuais e coletivos dos trabalhadores, ou seja, não autoriza negociações coletivas, em prejuízo do legislado, salvo nas hipóteses, expressamente, autorizadas pela Carta Magna (incisos VI e XIV do art. 7º da CF):

"II – ao sindicato cabe a defesa dos direitos e interesses coletivos ou individuais da categoria, inclusive em questões judiciais ou administrativas;"

4º PONTO: Antinomias internas da própria lei

A lei traz novas antinomias, uma vez que no seu § 1º o art. 611-A se reporta ao § 3º do art. 8º da CLT com a redação dada pela Lei n. 13.467/2017 que, somente, permitiria ao Judiciário o exame formal dos vícios subjetivos do negócio jurídico.

E, assim, estabelece um inconstitucional *pacto de non petendo* legislativo, que transgride os escopos sociais, políticos e jurídicos inerentes a atividade jurisdicional, que podem ser sintetizados em resguardar e promover a dignidade da pessoa humana, observando a proporcionalidade, a razoabilidade (art. 8º do CPC), bem como violam, em particular, o § 3º a garantia constitucional (inciso XXXV do art. 5º da CF) e legal (art. 3º do CPC) da inafastabilidade do controle judicial da apreciação de ameaça ou lesão de direito.

Além disso, atenta contra os princípios estabelecidos no próprio Código Civil citado que não se restringe na apreciação dos negócios jurídicos ao exame dos aspectos formais jungidos ao vetusto, injurídico e superado dogma da autonomia da vontade e do denominado vício meramente subjetivo inerentes a lógica do Estado (Hiper)liberal.

De fato, o novo Código Civil (Lei n. 10.406/2002) retomou a noção das regras de justiça e dos princípios éticos do resultado do contrato, e, assim, para além dos vícios subjetivos previstos no art. 104 da Lei n. 10.406/2002, estabeleceu a nulidade e responsabilidade contratual em decorrência de vícios objetivos, como a assunção de obrigação excessivamente onerosa (estado de perigo – art. 156 do CCB), ou, quando a parte assume prestação manifestamente desproporcional (da lesão – art. 157 do CCB), além do respeito a boa-fé objetiva, da probidade (art. 422 do CCB), da proteção do aderente ao contrato de adesão (art. 424 do CCB) e, em especial, fixou o princípio da função social do contrato (art. 421 do CCB).

Outrossim, é patente aporia, a antinomia e a incongruência dos §§ 2º e 3º do art. 8º da CLT com os §§ 2º, 3º e 4º do art. 611-A da CLT com a redação introduzida pela Lei n. 13.467/2017, que dispõem:

"§ 2º A inexistência de expressa indicação de contrapartidas recíprocas em convenção coletiva ou acordo coletivo de trabalho não ensejará sua nulidade por não caracterizar um vício do negócio jurídico.

§ 3º Se for pactuada cláusula que reduza o salário ou a jornada, a convenção coletiva ou o acordo coletivo de trabalho deverão prever a proteção dos empregados contra dispensa imotivada durante o prazo de vigência do instrumento coletivo.

§ 4º Na hipótese de procedência de ação anulatória de cláusula de convenção coletiva ou de acordo coletivo de trabalho, quando houver a cláusula compensatória, esta deverá ser igualmente anulada, sem repetição do indébito."

Isto porque, estabelecem um antijurídico "direito de prejudicar os outros" ao fixar a possibilidade do estabelecimento de regras que reduzam direitos sem a contrapartida (§ 2º do art. 611-A), sendo, que, de forma desproporcional e não isonômica, anula a cláusula que for em desfavor da empresa, aí, então, é o inverso, a contrapartida deverá ser cancelada (§ 4º do art. 611-A) já no mérito.

A determinação contida no § 5º do art. 611-A é absolutamente inconstitucional, posto que impõe um óbice perverso e ilegítimo de acesso à Justiça, particularmente, no caso das convenções coletivas (que diferentemente dos acordos coletivos) muitas vezes, para alcançar uma maior base territorial, são firmadas por várias dezenas de entidades sindicais profissionais e patronais (Federações, Sindicatos profissionais e patronais) o que levaria certamente a um óbice inadmissível ao exercício do direito de ação e de acesso à Justiça, até a um ilegítimo e desnecessário litisconsórcio multitudinário.

5º PONTO: Do instituto da lesão e do estado de perigo – vício objetivo (arts. 156 e 157 do CCB e art. 51 do CDC) – conceitos amortecedores ou válvulas de segurança (técnicas) do sistema da equidade

O Direito do Trabalho já agasalhava a teoria do vício objetivo pela desproporção das obrigações/prestações nos artigos 9º, 444 e 468 da CLT.

E essa teoria do vício objetivo foi copiada pelo novo Código Civil, mediante às figuras do instituto da lesão e do estado de perigo.

Aliás, a ausência de contraprestação patronal deixará a toda evidência, não apenas o vício subjetivo, como o vício objetivo face a total e completa desproporção das obrigações e prestações, na medida que somente o empregado é que abre mão de direitos e fica com o prejuízo.

Nesse sentido, os arts. 156 e 157 do Código Civil e mesmo o art. 51 do Código de Defesa do Consumidor fixam que são consideradas nulas de pleno direito as cláusulas contratuais que estabeleçam obrigações consideradas iníquas, abusivas, que colocam o empregado em desvantagem e, que, por isso, são incompatíveis com a boa-fé ou a equidade, princípio inafastável do direito e processo do trabalho.

O regramento dos arts. 157 e 158 do Código Civil e mesmo o art. 51 do Código de Defesa do Consumidor (aplicados subsidiariamente – art. 8º da CLT), poderá levar a se declarar como objetivamente nula – tendo em vista os princípios fixados nos mencionados dispositivos legais que vedam e taxam como nula as situações nas quais decorre uma desproporção, prejuízo e onerosidade excessiva entre as obrigações/prestações.

6º PONTO: Dos abusos e exceções e das condições excessivamente onerosas = conceitos amortecedores = a finalidade do contrato

O abuso de direito e a onerosidade excessiva derivada do dogma da autonomia da vontade autoriza a intervenção do juiz para reestabelecer a equidade e o equilíbrio contratual verdadeira finalidade dos contratos, sob pena de se admitir que a prevalência do negociado sobre o legislado, numa relação individual de trabalho, possa prejudicar direitos individuais e sociais.

Dessa maneira, a liberdade de contratar – firmar ou não um contrato – não se confunde com a liberdade contratual, de fixar cláusulas reguladoras do contrato que representem abuso de direito e a onerosidade excessiva em prejuízo de direitos individuais e sociais legal garantidos.

Dever-se-á sempre que se estabelecer uma interpretação construtiva do conteúdo da vontade, tendo em visa a justiça social e a proteção e garantia dos direitos individuais e sociais, que são as finalidades precípuas do direito.

Do Objeto Ilícito da Convenção Coletiva, Nulidades e Acesso à Justiça (art. 611-B)

Dispõem o art. 611-B e incisos da CLT (com a redação dada pela Lei n. 13.467/2017):

"Art. 611-B. Constituem objeto ilícito de convenção coletiva ou de acordo coletivo de trabalho, exclusivamente, a supressão ou a redução dos seguintes direitos:

I – normas de identificação profissional, inclusive as anotações na Carteira de Trabalho e Previdência Social;

II – seguro-desemprego, em caso de desemprego involuntário;

III – valor dos depósitos mensais e da indenização rescisória do Fundo de Garantia do Tempo de Serviço (FGTS);

IV– salário mínimo;

V – valor nominal do décimo terceiro salário;

VI – remuneração do trabalho noturno superior à do diurno;

VII – proteção do salário na forma da lei, constituindo crime sua retenção dolosa;

VIII – salário-família;

IX – repouso semanal remunerado;

X – remuneração do serviço extraordinário superior, no mínimo, em 50% (cinquenta por cento) à do normal;

XI – número de dias de férias devidas ao empregado;

XII – gozo de férias anuais remuneradas com, pelo menos, um terço a mais do que o salário normal;

XIII– licença-maternidade com a duração mínima de cento e vinte dias;

XIV – licença-paternidade nos termos fixados em lei;

XV – proteção do mercado de trabalho da mulher, mediante incentivos específicos, nos termos da lei;

XVI – aviso-prévio proporcional ao tempo de serviço, sendo no mínimo de trinta dias, nos termos da lei;

XVII – normas de saúde, higiene e segurança do trabalho previstas em lei ou em normas regulamentadoras do Ministério do Trabalho;

XVIII – adicional de remuneração para as atividades penosas, insalubres ou perigosas;

XIX – aposentadoria;

XX – seguro contra acidentes de trabalho, a cargo do empregador;

XXI – ação, quanto aos créditos resultantes das relações de trabalho, com prazo prescricional de cinco anos para os trabalhadores urbanos e rurais, até o limite de dois anos após a extinção do contrato de trabalho;

XXII – proibição de qualquer discriminação no tocante a salário e critérios de admissão do trabalhador com deficiência;

XXIII – proibição de trabalho noturno, perigoso ou insalubre a menores de dezoito anos e de qualquer trabalho a menores de dezesseis anos, salvo na condição de aprendiz, a partir de quatorze anos;

XXIV – medidas de proteção legal de crianças e adolescentes;

XXV – igualdade de direitos entre o trabalhador com vínculo empregatício permanente e o trabalhador avulso;

XXVI – liberdade de associação profissional ou sindical do trabalhador, inclusive o direito de não sofrer, sem sua expressa e prévia anuência, qualquer cobrança ou desconto salarial estabelecidos em convenção coletiva ou acordo coletivo de trabalho;

XXVII – direito de greve, competindo aos trabalhadores decidir sobre a oportunidade de exercê-lo e sobre os interesses que devam por meio dele defender; – definição legal sobre os serviços ou atividades essenciais e disposições legais sobre o atendimento das necessidades inadiáveis da comunidade em caso de greve;

XXVIII– tributos e outros créditos de terceiros;

XXIX – as disposições previstas nos arts. 373-A, 390, 392, 392-A, 394, 394-A, 395, 396 e 400 desta Consolidação.

Parágrafo único. Regras sobre duração do trabalho e intervalos não são consideradas como normas de saúde, higiene e segurança do trabalho para os fins do disposto neste artigo."

COMENTÁRIOS

1º PONTO: Antinomias

A lei traz novas antinomias, uma vez que estabelece um inconstitucional *pacto de non petendo* legislativo que transgride os escopos sociais, políticos e jurídicos inerentes a atividade jurisdicional, princípios esses que podem ser sintetizados em resguardar e promover a dignidade da pessoa humana, observando a proporcionalidade, a equidade, a razoabilidade (art. 8º do CPC), bem como violam, em particular, o § 3º da garantia constitucional (inciso XXXV do art. 5º da CF) e legal (art. 3º do CPC) da inafastabilidade do controle judicial da apreciação de ameaça ou lesão de direito.

2º PONTO: Violação do princípio da dignidade da pessoa humana pelo Parágrafo Único do art. 611-B da CLT

O parágrafo único do art. 611-B da CLT é manifestamente inconstitucional ao estabelecer que:

> "Parágrafo único. Regras sobre duração do trabalho e intervalos não são consideradas como normas de saúde, higiene e segurança do trabalho para os fins do disposto neste artigo."

A *ratio legis* do parágrafo único do art. 611-B da CLT viola o inciso III do art. 1º da CF ("II – a dignidade da pessoa humana"), ou seja, o princípio da dignidade da pessoa humana.

Isto porque, a regra do parágrafo único do art. 611-B da CLT desumaniza e "comodifica" o ser humano como se a força do seu trabalho fosse de uma máquina ou outro produto/ferramenta qualquer, na medida que, para o referido dispositivo legal, a extensão do tempo que o ser humano estiver "ligado" ou "desligado" – tal qual uma máquina – não se relacionaria com as normas de saúde, higiene e segurança.

3º PONTO: Violação do inciso XXII do art. 7º da CF pelo Parágrafo Único do art. 611-B da CLT

O parágrafo único do art. 611-B da CLT é manifestamente inconstitucional ao estabelecer que:

> "Parágrafo único. Regras sobre duração do trabalho e intervalos não são consideradas como normas de saúde, higiene e segurança do trabalho para os fins do disposto neste artigo."

Isto porque, tal *ratio legis* viola o inciso XXII do art. 7º da CF que estabelece a garantia constitucional da observância das normas de saúde para redução dos riscos ao trabalho, ao dispor:

> "XXII – redução dos riscos inerentes ao trabalho, por meio de normas de saúde, higiene e segurança;"

XXXXI

Do Prazo e da Ultratividade da Convenção Coletiva (art. 614)

Dispõe o § 3º do art. 614 da CLT (com a redação dada pela Lei n. 13.467/2017):

"Art. 614. ....

....

§ 3º Não será permitido estipular duração de convenção coletiva ou acordo coletivo de trabalho superior a dois anos, sendo vedada a ultratividade."

COMENTÁRIOS

1º PONTO: Da quebra da paridade de forças

Diante da exigência do comum acordo para a instauração do dissídio coletivo de natureza econômica (§ 2º do art. 114 da CF), a ultratividade da convenção ou do acordo coletivo era a única medida de pressão dos sindicatos profissionais sobre os sindicatos patronais e empresas para forçar uma negociação coletiva em paridade de forças.

2º PONTO: Da consequência = manutenção e incorporação de direitos nos contratos individuais

A tese da ultratividade permitia a manutenção dos direitos sociais e demais cláusulas, inclusive, que não fossem, especificamente, as econômicas ou de reajuste salarial com a interpretação de que sua base sendo a utratividade era a norma coletiva e, por isso, temporária e passível de supressão ou alteração por outra norma coletiva.

Daí que, se ocorrer a manutenção dessas condições e dos benefícios durante o interstício/interregno das convenções/acordos coletivos sem a ultratividade restará configurada a outorgada desses benefícios em decorrência da habitualidade que irá configurar uma contratualidade individual que se incorpora em definitivo aos contratos de trabalho.

Até porque, a retirada pura e simples de todas as cláusulas sociais e econômicas e os benefícios relacionados no período de interregno das duas convenções/acordos coletivos, certamente, levará a greve.

DA PREVALÊNCIA DO ACORDO COLETIVO SOBRE A CONVENÇÃO COLETIVA (ART. 620)

Dispõe o art. 620 da CLT (com a redação dada pela Lei n. 13.467/2017):

"Art. 620. As condições estabelecidas em acordo coletivo de trabalho sempre prevalecerão sobre as estipuladas em convenção coletiva de trabalho."

COMENTÁRIO

Da hierarquia constitucional da garantia e defesa dos direitos dos trabalhadores (*caput* e incisos do art. 7º e *caput* e incisos do art. 8º da CF) = da garantia constitucional da norma mais favorável

Destaque-se a hierarquia constitucional dos valores envolvidos que devem ser objeto de investigação: i) a proteção ao trabalhador (*caput* e incisos do art. 7º e 8º da CF); e ii) o princípio das normas mais favoráveis ("melhoria da condição social).

Dispõe o *caput* do art. 7º da CF:

"Art. 7º São direitos dos trabalhadores urbanos e rurais, além de outros que visem à melhoria de sua condição social:"

Portanto, o sistema jurídico brasileiro impõe no tocante ao tema do conflito normativo laboral a disciplina da hierarquia das normas fixadas no plano constitucional: (i) da garantia do respeito as normas de proteção dos interesses do trabalhador pelo Estado, além de outras normas que visem à melhoria de sua condição social (*caput* do art. 7º da CF); e, ii) do princípio da norma mais favorável.

Assim, a proteção dos direitos trabalhistas, no sistema jurídico brasileiro, alcançou tal relevância, que tem hierarquia constitucional e está inserida no título dos Direitos Sociais que integram as Garantias Fundamentais (*caput* e incisos do art. 7º e 8º da CF).

A Constituição Federal de 1988 ao regular os direitos e garantias fundamentais, inclui em seu capítulo II – Dos Direitos Sociais, e, os arts. 7º e 8º que cuidam dos direitos trabalhistas: "Art. 7º São direitos dos trabalhadores urbanos e rurais, além de outros que visem à melhoria de sua condição social".

No art. 7º, especialmente, no seu *caput*, a Constituição Federal do Brasil, ao disciplinar os direitos e garantias fundamentais, estabeleceu a obrigatoriedade da promoção pelo Estado Brasileiro (Legislativo, Executivo e Judiciário) da defesa e proteção do trabalhador, como um dos princípios da ordem econômica brasileira a limitar a autonomia da vontade e a livre iniciativa, em conformidade com os ditames da justiça distributiva (justa e solidária) que assegure aos trabalhadores uma existência digna (outro elemento de garantia constitucional fincado no inciso III do art. 1º da CF).

Poder-se-á dizer que o princípio da norma mais favorável ao trabalhador ganhou *status* de garantia e hierarquia constitucional na CF de 1988.

Nesse sentido, o *caput* do art. 7º da CF ("Art. 7º São direitos dos trabalhadores urbanos e rurais, além de outros que visem à melhoria de sua condição social.") estabelece mais que dois princípios constitucionais fundamentais, de fato, uma dupla garantia constitucional: i) de proteção; e ii) defesa do direito do trabalho pelo Estado.

Assim, em primeiro lugar, ao estabelecer o objetivo do direito laboral como da busca da melhoria da condição social, o *caput* do art. 7º da CF fixa no plano constitucional a garantia e a defesa dos direitos trabalhistas em face de convenções ou acordos coletivos e de leis infraconstitucionais que fixem – de maneira inconstitucional – normas em prejuízo ou em retrocesso das condições sociais já obtidas pelos trabalhadores pelo conjunto da CLT e pelas leis esparsas e pelas convenções e acordos coletivos e individuais vigentes.

E, em segundo lugar, o *caput* do art. 7º da CF eleva ao nível constitucional a garantia da observância da norma mais favorável em face da convenção, acordo coletivo ou individual e de lei infraconstitucional nova que represente retrocesso social.

Exatamente, por isso, as exceções ao princípio e mais que isso a garantia constitucional inserida no *caput* do art. 7º da CF, estão devidamente indicadas nos próprios incisos do art. 7º da CF, ou seja, nos incisos VI, XIV do art. 7º da Carta Magna.

Não bastasse isso, o inciso III do art. 8º da CF em consonância com o *caput* e incisos do art. 7º da CF estabelece que ao Sindicato cabe a defesa – e não a renúncia – dos direitos coletivos ou individuais dos trabalhadores:

> "III – ao sindicato cabe a defesa dos direitos e interesses coletivos ou individuais da categoria, inclusive em questões judiciais ou administrativas".

Referências Bibliográficas

CASTELO, Jorge Pinheiro. *O direito processual do trabalho na moderna teoria geral do processo.* São Paulo: LTr, 1996.

_____. *Direito material e processual do trabalho e a pós-modernidade:* a CLT, o CDC e as repercussões do Novo Código Civil. São Paulo: LTr, 1993.

CAPPELLETTI, Mauro; GARTH, Bryant. *Acesso à Justiça.* Tradução de Ellen Gracie Northfleet. Porto Alegre: Sergio Antonio Fabris, 1988.

DINAMARCO, Cândido Rangel. *Instituições de Direito Processual Civil.* Vol. I. São Paulo: Malheiros, 2016.

_____. *Instituições de Direito Processual Civil.* Vol. II. São Paulo: Malheiros, 2017.

LIMONGI, França Rubens. *A irretroatividade das leis e o direito adquirido.* São Paulo: RT, 1988.

MAGANO, Octavio Bueno. *Manual de Direito do Trabalho.* Parte Geral. 2. ed. São Paulo: LTr, 1984.

_____. *Manual de Direito do Trabalho.* Vol. II. São Paulo: LTr, 1984.

MARQUES, Cláudia Lima. *Contratos no código de defesa do consumidor.* Vol. I. São Paulo: RT, 1999.

_____. *Contratos no código de defesa do consumidor.* São Paulo: RT, 2016.

FERREIRA FILHO, Manoel Gonçalves. *Comentários à Constituição Federal de 1988.* Vol. 2. São Paulo: Saraiva, 1989.

WALD, Arnold. *Direito Civil.* Vol. 2. São Paulo: Saraiva, 2015.